AF474492

HISTOIRE

DE LAW

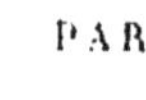

PAR

A. THIERS

BIBLIOTHÈQUE
D'ÉDUCATION ET DE RÉCRÉATION
J. HETZEL ET Cie, 18, RUE JACOB
PARIS

HISTOIRE

DE LAW

PARIS. — TYPOGRAPHIE LAHURE,
RUE DE FLEURUS, 9

HISTOIRE

DE LAW

PAR

A. THIERS

BIBLIOTHÈQUE
D'ÉDUCATION ET DE RÉCRÉATION
J. HETZEL ET Cie, 18, RUE JACOB
PARIS

AVERTISSEMENT DE L'ÉDITEUR

Nous publions, avec l'assentiment de l'auteur, un ouvrage historique, net, clair et complet, quoique court, sur le système de Law. Cet ouvrage, qui parut pour la première fois dans un recueil encyclopédique, il y a un certain nombre d'années, causa une vive sensation, et attira sur son auteur, fort jeune alors, l'attention des esprits sérieux. Nous l'avons relu, et il nous a semblé que, bien qu'on ait publié, avant et depuis, de nombreux volumes sur le système de Law, on n'a jamais présenté d'une manière plus précise et plus satisfaisante ce singulier phénomène financier; il nous a semblé aussi qu'on n'en avait jamais mieux tiré les importantes leçons qu'il renferme; leçons qu'il n'est pas inutile de reproduire aujourd'hui ; car, au génie près, les Law sont de tous les lieux et de tous les temps. Nous donnons donc, du travail de M. Thiers sur le système de Law, une édition qui nous a paru désirable ; car on ne l'avait jamais imprimé à part, et beaucoup de lecteurs l'ont souvent demandé en vain, soit à la librairie française, soit à la librairie étrangère. Nous le leur offrons sous la forme que nous avons jugée la plus élégante et la plus commode, et après en avoir soumis les épreuves à l'auteur, qui a bien voulu les relire lui-même avec soin, et faire quelques corrections à cet ouvrage de sa jeunesse. Nous espérons donc que cette édition toute nouvelle, et la seule donnée en un volume séparé, sera bien accueillie du public éclairé, ami de la littérature saine et solide.

J. HETZEL.

LAW

ET

SON SYSTÈME DE FINANCES

Jean Law de Lauriston naquit à Édimbourg en avril 1671. Sa mère, Jeanne Campbell, descendait de la célèbre maison ducale d'Argyle; son père, William Law, exerçait à Édimbourg la profession d'orfévre, laquelle, par les attributions, la considération et les richesses, équivalait alors à celle que les banquiers exercent aujourd'hui chez les nations commerçantes.

William Law acquit une fortune considérable, et acheta en Écosse les deux terres de Randleston et de Lauriston. Il mourut fort jeune, et laissa son fils aîné, Jean Law, à peine âgé de quatorze ans. Ce fils reçut une éducation soignée, et montra une rare aptitude pour tous les genres d'étude. Il se hâta de jouir de son indépendance et de sa fortune, ne voulut point embrasser la profession de son père, et, à une vie sédentaire et laborieuse, préféra les plaisirs, les voyages et les sciences librement étudiées. Il était beau, grand, bien fait, plein de dextérité et de grâce; il excellait dans tous les exercices du corps, et particulièrement dans le jeu de paume, qui, à cette époque, était fort en vogue en Écosse. Son esprit n'était pas moins distingué que sa personne; il s'exprimait avec facilité et avec force; il manifestait pour le calcul et les sciences exactes des dispositions extraordinaires.

A vingt ans, il quitta sa mère et se rendit

d'Édimbourg à Londres. Il employa son temps à jouer, à plaire aux femmes, à étudier les secrets du crédit et du commerce. Doué d'un esprit curieux, d'une âme passionnée, il acquit des connaissances fort étendues, et se livra à de grands désordres. Appliquant le calcul aux jeux, il fit sans déloyauté des gains considérables; mais ses dépenses furent encore plus considérables que ses gains, et il finit par contracter beaucoup de dettes. Contraint par la nécessité, il voulut vendre la terre de Lauriston que lui avait laissée son père. Heureusement pour lui, Jeanne Campbell, qui veillait sur sa conduite en mère tendre et prudente, vint à son secours, paya ses dettes, et lui conserva la terre de Lauriston.

Le mérite réel de Law, le charme de ses manières, sa fortune, l'avaient lié avec les principaux seigneurs de Londres. Une jeune dame lui valut un duel avec un gentilhomme, et il eut le malheur de tuer son adversaire d'un coup d'épée. Traduit devant les commissaires du roi, il fut condamné à mort. Il obtint sa grâce; mais, rejeté en prison sur une réclamation de la famille de son adversaire, il parvint à s'évader, et passa sur le continent.

Law avait alors vingt-quatre ans. Il parcourut diverses contrées, visita la France, toute brillante encore des prospérités dues à l'administration de Colbert, et se rendit en Hollande pour y étudier le génie de ces républicains si fiers et si riches, qui venaient de recueillir l'héritage des Vénitiens et des Portugais, et couvraient de leurs vaisseaux toutes les mers du monde. Amsterdam était à cette époque la première place commerçante de l'Europe; l'intérêt de l'argent n'y dépassait guère 2 et 3 pour cent; elle avait une banque célèbre et mystérieuse, dont le crédit avait résisté à l'invasion de Louis XIV, dont la caisse semblait inépuisable, et dont le système était une énigme pour tous les hommes occupés de l'étude du crédit. Law, pour mieux observer le mécanisme de cette banque, se fit commis du résident anglais, et parvint de la sorte à augmenter beaucoup ses connaissances en matière de commerce et de haute administration.

Law rentra en Écosse vers 1700, âgé de près de trente ans, et pourvu du plus vaste savoir. Il fut frappé du contraste que présentait sa patrie avec les pays qu'il venait de visiter. Au lieu de ce grand commerce, de cette immense et rapide circulation qu'il avait remarquée en Angleterre et en Hollande, il n'aperçut qu'un pays pauvre et frappé d'immobilité. L'Écosse, contrée montagneuse et demi-insulaire, offrait une assez belle culture; elle était peuplée d'habitants intelligents et laborieux, mais elle manquait de capitaux pour améliorer son agriculture, étendre son commerce et multiplier ses manufactures. Les Écossais, comme tous les montagnards, doués de facultés actives qu'ils ne trouvaient pas l'occasion d'exercer chez eux, s'expatriaient pour aller chercher fortune dans des contrées plus riches. Law attribua au défaut de capitaux l'état languissant de l'Écosse. Il avait raison sans doute; mais, confondant les capitaux avec le numéraire qui est uniquement leur moyen d'échange, il s'imagina que l'abondance du numéraire était la cause de la richesse des États, que le numéraire seul amenait le développement de leur prospérité. Il se disait : « Que manque-t-il au propriétaire pour défricher ses terres, au manufacturier pour multiplier ses métiers, au négociant pour étendre ses spéculations? Des avances, c'est-à-dire du numéraire, pour payer la main-d'œuvre et les matières premières. Avec quelques millions de plus, on aurait de quoi payer l'ouvrier qui veut s'expatrier, on le fixerait sur le sol de l'Écosse, et on lui procurerait les objets nécessaires à son travail. La Hollande, placée sur le sol le plus ingrat et sur les

« rivages les plus dangereux, est la plus riche « contrée du monde. Pourquoi? Parce qu'elle « regorge de numéraire. Quel est le moyen « de suppléer au numéraire? C'est le crédit, « c'est l'institution des banques, qui donnent « au papier la valeur et l'efficacité de l'argent. »

Law s'engagea ainsi peu à peu dans une erreur que l'aspect d'une grande circulation fait naître trop souvent. Il crut que la prospérité d'un pays tenait à la masse du numéraire, et qu'on pouvait accroître cette masse à volonté. Cependant le numéraire n'est point l'aliment dont l'homme se nourrit, l'étoffe dont il s'habille, l'outil qu'il emploie dans ses travaux : le numéraire est l'équivalent qui sert à se procurer toutes ces choses par la voie des échanges; mais il faut d'abord que ces choses existent. Couvrirait-on une île déserte de tout l'or des Amériques ou de tout le papier de banque d'Angleterre, on n'y ferait pas naître tout à coup des routes, des canaux, de cultures, des usines, une industrie enfin. Si par un moyen quelconque on augmentait dans un pays la masse du numéraire, sans augmenter en proportion la masse de toutes choses, on ne ferait qu'élever les prix sans accroître la richesse réelle, parce qu'une plus grande quantité d'espèces métalliques serait mise en balance avec la même quantité d'objets achetables.

La masse du numéraire n'est donc pas la richesse, elle en est la conséquence, et s'agrandit peu à peu avec elle. A mesure que l'activité du travail augmente dans un pays, que l'industrie et le commerce y acquièrent plus de développement, les produits, plus multipliés, doivent s'échanger plus fréquemment et avec plus de rapidité; la circulation doit augmenter dans la même mesure que la production. Alors le numéraire, moyen des échanges, doit devenir plus abondant, parce qu'il est toujours attiré là où il est nécessaire. Bientôt au numéraire, moyen lent et coûteux, doit succéder le papier, moyen facile, prompt, et surtout économique. Les banques doivent s'établir; elles résultent d'une prospérité antérieure, servent puissamment à l'accroître, mais ne la précèdent jamais; car la création des produits doit précéder leur circulation.

Si Law, abusé par le premier aspect d'une grande circulation, attribuait au numéraire des effets trop étendus, il ne se trompait pas quant aux moyens de le multiplier par le crédit. Il avait compris et développé dans un écrit remarquable le mécanisme des banques, mieux qu'on ne l'avait jamais fait avant lui.

Il y a, comme chacun sait, *banques de dépôt* et *banques d'escompte*. On dépose dans les premières des sommes métalliques, et on prend un certificat du dépôt, qui sert comme la monnaie même dans les payements. L'avantage de ces banques est de remplacer le métal par le papier, qui représente une valeur indépendante des variations des monnaies, et qui est à la fois plus facile à transporter et à compter. Les banques d'escompte ont une tout autre efficacité. Une banque de ce genre examine les effets de commerce, c'est-à-dire les promesses de payer souscrites par un individu en faveur d'un autre individu, et si elle les juge solides, elle en donne, moyennant intérêt, la valeur en billets qui portent sa propre garantie, et ont cours de monnaie. C'est là ce qu'on appelle *escompter*. Son office consiste donc à changer les effets de commerce ou les promesses de payer qui n'ont pas cours de monnaie, en ses propres billets qui ont cours, et de leur procurer ainsi la faculté de s'échanger contre toutes choses. Pour le faire avec sûreté, il faut qu'elle ait un fonds qui réponde des erreurs qu'elle est exposée à commettre en acceptant pour bonnes des valeurs qui ne le seraient pas. En outre, comme les billets qu'elle émet n'ont cours que par la confiance, il faut qu'elle soit prête à les convertir en argent à la volonté du porteur, et c'est à cet usage qu'est destinée sa réserve métallique. Son fonds capital doit faire face aux pertes qu'elle peut essuyer, et sa réserve métallique doit toujours suffire au remboursement des billets que les porteurs sont disposés à réaliser. Lorsque la confiance est établie, les porteurs des billets ne cherchent à les échanger contre du métal que pour les diviser en sommes moindres, ou pour des usages auxquels le métal seul est propre. Ainsi, la réserve ne doit être que de la quantité de métal dont le commerce a besoin pour payer les sommes inférieures au billet, ou pour faire face à certains besoins tout à fait spéciaux.

Une banque d'escompte opère donc une véritable multiplication du numéraire, ou, si l'on veut, augmente le moyen des échanges en métamorphosant les effets de commerce en billets circulant comme la monnaie même. Ces billets accroissent d'autant la masse du numéraire, en remplaçant les métaux dans la plupart des payements.

Un avantage de l'institution des banques que Law appréciait autant que la multiplication même du numéraire, c'était l'introduction de la monnaie de papier. Law en faisait un cas singulier. Le papier, en effet, peut se transporter sans embarras aux plus grandes distances; il peut se compter rapidement; il n'est pas, comme les métaux précieux, une marchandise dont la valeur varie suivant sa quantité dans le commerce. Par toutes ces raisons, Law le croyait préférable à l'or et à l'argent pour le service des affaires. Il avait raison sous beaucoup de rapports, et malgré cette estime pour les qualités du papier, il n'était pas tombé dans une erreur que ses commentateurs et ses ennemis lui ont injustement attribuée. Cette erreur, moins commune aujourd'hui qu'autrefois, consiste à croire que la monnaie ayant une valeur imaginaire, et ne pouvant produire d'autre effet utile que celui de s'échanger contre les objets de nos besoins, le papier qui aurait cours, et qui pourrait se changer en pain, en viande, en draps, posséderait une valeur aussi réelle que l'or et l'argent. Mais Law avait très-bien compris que l'or et l'argent possèdent une valeur intrinsèque qui manque au papier, qu'un morceau d'or privé des formes de monnaie vaut encore comme lingot ce que ne vaut plus un morceau de papier qui a cessé d'être un billet, et que cette valeur intrinsèque des métaux précieux en a fait le moyen le plus sûr et le mieux garanti des échanges. Il avait formellement expliqué sa pensée à cet égard dans un écrit qui nous est resté; mais il croyait que les banques pouvaient procurer au papier une valeur réelle. En effet, les papiers qu'escompte une banque sont des délégations sur un produit à venir; une banque, en les acceptant, et en donnant ses billets à leur place, garantit le produit à venir. Si elle trompe, son capital est là pour répondre. C'est un *fonds d'assurance* contres ses erreurs. Le papier arrive donc par les banques à la réalité de l'or. C'est à ces conditions seulement que Law le croyait préférable aux métaux précieux pour l'office de monnaie.

Par la comparaison de ce qu'il avait observé dans les différents pays d'Europe, ses idées s'étaient singulièrement étendues, et il avait conçu le plus vaste système de crédit qu'on ait jamais imaginé. Il avait remarqué qu'il existait des banques dans les capitales de quelques grands États, comme à Londres ou à Amsterdam, mais que les provinces de l'Angleterre et de la Hollande ne prenaient aucune part aux avantages du crédit. Il pensa qu'en établissant une banque générale, qui aurait des bureaux correspondants dans les villes d'une importance secondaire, on pourrait étendre à tout un empire les avantages du papier, et le faire pénétrer jusque dans les bourgs et les campagnes. Si une banque pouvait dans une capitale, avec 100 millions d'espèces, émettre 200 millions de billets, la banque générale qu'il imaginait pourrait, selon lui, dans un pays qui aurait un milliard de numéraire, émettre deux milliards de billets et tripler ainsi le moyen des échanges. De cette manière, les billets suffisant à la grande circulation, le numéraire tout entier, devenu réserve métallique de la banque, ne devait servir qu'aux petits échanges. Ce projet était fort bien conçu et fort exécutable. On peut dire seulement que Law s'exagérait la possibilité d'étendre l'usage du papier, et qu'il croyait trop à la facilité de le faire pénétrer dans les régions inférieures.

Law voulait qu'une banque aussi considérable fût un établissement public, et que les hôtels des monnaies devinssent ses bureaux correspondants. Ces principes posés, il en tirait les plus vastes conséquences. D'abord, la plupart des États affermaient la perception de leurs revenus à des compagnies de traitants, qui recueillaient des profits considérables, et exerçaient d'affreuses vexations sur les contribuables. On pouvait confier à la banque générale la perception des revenus, et réserver à l'État les profits de cette perception. On pouvait confier aussi à cette même banque le soin de solder les dépenses, au moyen de la correspondance de ses bureaux. Elle devait avoir ainsi le maniement de tous les deniers publics. Ces traitants auxquels on affermait les impôts exigeaient de l'État un intérêt usuraire, quand il avait besoin d'avances. La nouvelle banque escompterait l'impôt comme elle escomptait les lettres de change, et il lui serait possible de le faire à un taux d'autant plus modique, qu'en augmentant la masse du numéraire elle aurait contribué elle-même à réduire l'intérêt de l'argent. On pouvait la charger, en outre, du soin des emprunts, et, sous ce rapport encore, échapper aux exigences des usuriers. Ce n'est pas tout : le système des monopoles étant généralement admis en Europe, et la plupart des commerces lointains se faisant par compagnies privilégiées, auxquelles les gouvernements abandonnaient, moyennant certaines conditions, des jouissances exclusives, la même banque générale pourrait avoir le privilége de certains commerces lucratifs, et joindre à ses nombreuses attributions celle du négoce. Réunissant ainsi les profits de l'escompte comme banque, ceux de l'administration comme fermière des revenus publics, ceux enfin du commerce comme compagnie privilégiée, elle aurait nécessairement un immense capital qu'elle diviserait en actions entre lesquelles se répartiraient ses profits. De cette manière, elle offrirait son papier à ceux qui désiraient une monnaie circulante, et ses actions à ceux qui recherchaient un placement avantageux.

Tel est le système imaginé par Law, système ingénieux et puissant, qui ramenait à un seul et unique crédit le crédit privé et public, qui changeait toutes les liquidations lentes, pénibles et compliquées, soit des particuliers, soit de l'État, en une seule, laquelle devait se faire en monnaie métallique pour les sommes minimes, en monnaie de papier pour les sommes de quelque importance; qui multipliait les capitaux en simplifiant seulement la circulation; qui réduisait dès lors l'intérêt de l'argent, et joignait enfin à l'introduction d'une monnaie abondante et commode la création de placements sûrs et avantageux. Même aujourd'hui, nous ne retrancherions de ce système que les fermes qui ne sont plus admises dans la perception des revenus publics, et les monopoles qui étaient alors nécessaires, car il fallait de puissantes compagnies pour traverser le monde encore inconnu et peu fréquenté.

Plein de ces idées, Law présenta un plan applicable à sa patrie, à peu près vers l'année 1700. Ce plan consistait à réunir dans les mains d'une seule compagnie la perception des revenus publics, l'exploitation des commerces privilégiés, la direction des manufactures, des expéditions commerciales, de la pêche, etc.... Son plan, quoique repoussé, attira sur lui l'attention publique, et le mit en relation avec les premiers personnages de l'Écosse. En 1705, il s'agissait d'établir une banque territoriale. Law en proposa une dont le plan était fort bien conçu, dans un écrit très-curieux, intitulé : *Considérations sur le numéraire.* A part l'erreur que nous avons signalée, et qui tend à imputer exclusivement à l'abondance du numéraire la prospérité des États, les moyens d'augmenter cette abondance par les banques y sont parfaitement exposés, et avec une intelligence de la matière qui n'était pas commune alors. Le nouveau plan de Law ne fut pas mieux accueilli que le précédent ; il fut rejeté dans la crainte, disait-on, de donner trop d'influence à la cour.

Law quitta dès lors sa patrie, et recommença ses voyages soit pour s'instruire, soit pour faire agréer son système à quelques-uns des grands États du continent, ruinés par les guerres de Louis XIV, et fort ignorants en matière de crédit. Il se rendit à Bruxelles, et de Bruxelles à Paris. Il se livra au jeu dans cette dernière capitale, et, grâce à son génie calculateur, il gagna des sommes considérables. Il taillait le pharaon chez la *Duclos*, célèbre courtisane de ce temps, et n'entrait jamais au jeu avec moins de 100 mille livres. Il avait même fait fabriquer des jetons en or de 18 louis, pour arriver à compter plus vite. Il forma des relations avec plusieurs seigneurs de la cour, et surtout avec le jeune duc d'Orléans, qui aimait les esprits inventifs, et qui parut disposé à adopter ses idées. C'était le moment de la guerre de la succession. Chamillart, accablé du fardeau des finances, était prêt à s'en démettre. Law offrit ses plans, mais personne n'était en état de les comprendre; d'ailleurs, il était huguenot, et Louis XIV ne voulut pas en entendre parler. Bientôt même on suspecta un étranger qui étalait le plus grand luxe, qui gagnait de fortes sommes aux seigneurs de la cour, et l'intendant de police, M. d'Argenson, fit signifier à Law l'ordre de quitter Paris sous vingt-quatre heures. Law se rendit en Italie, continua de jouer, soit à Gênes, soit à Venise, et gagna des sommes immenses. Il se rendit ensuite à Turin, où il prêta de l'argent au célèbre Vendôme, et parvint à se faire présenter à Victor-Amédée, auquel il proposa son système de finances. Amédée lui répondit que ce système n'était pas applicable au milieu des Alpes, et il le renvoya en l'engageant à porter ses conceptions en France ou en Allemagne. L'empereur s'occupait en ce moment de l'établissement d'une banque. Law s'empressa de lui soumettre ses idées, ne réussit pas mieux qu'auprès des autres princes auxquels ils les avait déjà présentées, et retourna encore une fois dans sa patrie. On évaluait à 2 millions les sommes qu'il avait acquises au jeu. Il fit passer ces 2 millions en France, et se prépara lui-même à s'y rendre. La mort de Louis XIV, l'avénement du duc d'Orléans au pouvoir, et l'état déplorable de nos finances, lui faisaient espérer qu'il trouverait enfin un pays disposé à se soumettre à ses expériences.

Le vieux roi venait d'expirer en 1715. La guerre de la succession était finie. Pendant cette guerre ruineuse, Demarest, qui avait succédé à Chamillart, avait eu recours à tous les moyens pour se procurer de l'argent. Il avait renouvelé sans cesse la forme des engagements du trésor afin de réveiller la confiance des usuriers : *Promesse de la caisse des emprunts*, *billets de Legendre*, *billets de l'extraordinaire des guerres*, il avait donné tous les noms et toutes les formes aux effets émis par le gouvernement, afin de leur rendre un peu de crédit; mais ces expédients étaient épuisés, et les effets royaux de toute espèce perdaient de 70 à 80 pour cent. Demarest présenta le 20 septembre un tableau désespérant de l'année, dont voici le résumé : — Dépense de 148 millions; — Recette absorbée d'avance à 3 millions près ; — 710 millions d'effets royaux exigibles dans le courant de l'année; — des campagnes dépeuplées, un commerce ruiné, des troupes non soldées et sur le point de se révolter.

Dans cette extrémité, on proposa la banqueroute au régent. On lui disait qu'un souverain n'était pas garant des fautes de ses prédécesseurs, et qu'un exemple sévère rendrait les capitalistes moins faciles à se prêter aux caprices d'un roi dissipateur. Les courtisans qui voulaient que la libération du trésor permît de nouvelles faveurs, insistaient pour la banqueroute.

Le régent repoussa cet indigne expédient, et se regarda comme lié par les engagements du feu roi. Il refusa aussi de donner cours forcé de monnaie aux effets exigibles, car c'était créer un papier-monnaie discrédité d'avance.

Il s'attacha d'abord à payer la solde des troupes, et les arrérages des rentes constituées sur l'hôtel de ville. Pour s'en procurer les moyens, il ordonna que les revenus de l'année, quoique aliénés, fussent néanmoins versés au trésor, ce qui était une portion de banqueroute, mais inévitable; il ordonna la réduction des rentes non constituées sur l'hôtel de ville, et presque toutes constituées à un intérêt excessif; il ordonna que les effets exigibles fussent soumis à un *visa* et à une réduction; qu'ils fussent ensuite convertis en 250 millions de billets de même forme, appelés *billets d'État*, successivement remboursables, et jouissant d'un intérêt de 4 pour cent; il ordonna enfin l'établissement d'une chambre de justice, afin de poursuivre et de taxer les agioteurs qui avaient acquis des fortunes scandaleuses dans le commerce du papier. Les gouvernements n'en agissaient pas autrement à cette époque. Pressés par le besoin, ils consentaient aux dures conditions que leur imposaient les usuriers; mais, une fois le moment de détresse passé, ils reprenaient violemment ce que l'usure leur avait frauduleusement arraché.

On voit que le régent, sans admettre la banqueroute générale et absolue, eut recours à des banqueroutes partielles, et proportionnées à l'importance et à la qualité des dettes. Dans l'impossibilité de remplir toutes les obligations contractées sous le dernier règne, il s'appliqua à faire entre elles des distinctions aussi justes que possible, et, réduisant les unes, ajournant les autres, il manqua seulement aux obligations inexécutables. Parmi les mesures qu'il adopta, il y en eut une cependant qui était aussi coupable que maladroite, ce fut un changement dans la valeur des monnaies. La grande habitude qu'on avait alors d'y recourir peut seule excuser le régent. Les gouvernements, depuis plusieurs siècles, oubliant que la valeur des matières d'or et d'argent ne dépendait pas d'eux, mais du commerce, refondaient les monnaies, en élevaient fictivement la valeur nominale, et les versaient ensuite dans la circulation à un taux fort supérieur à leur valeur réelle. Mais ces expédients n'aboutissaient qu'à une perturbation financière sans véritable profit pour l'État. La mention exagérée que portaient les monnaies n'ajoutait rien à leur valeur réelle ; le prix de toutes choses s'élevait à proportion du mensonge, et il fallait toujours autant d'or ou d'argent pour se procurer les mêmes objets. Il n'y avait de lésés que les créanciers, obligés par un contrat antérieur de recevoir les monnaies sur le pied de leur valeur nominale. L'État n'obtenait presque aucun prix de cette fraude, parce que des monnayeurs clandestins refondaient eux-mêmes les monnaies, et faisaient ainsi le profit que présentait la réduction du poids des espèces. C'était là ce qu'on appelait le délit de *billonnage*, inutilement poursuivi des peines les plus sévères. Le régent ordonna de convertir le milliard du numéraire circulant en France en 1200 millions. L'État devait ainsi réaliser un profit de 200 millions, puisqu'il allait rendre pour 12 ce qu'il aurait reçu pour 10. Mais il ne rentra qu'une faible portion du milliard aux hôtels des monnaies; les Hollandais et les monnayeurs clandestins recueillirent la plus grande partie de ce bénéfice illégitime.

Malgré ces mesures, les difficultés n'étaient qu'ajournées. L'intérêt annuel de la dette réduite et réformée s'élevait encore à 80 millions, c'est-à-dire à la moitié environ du revenu. Les effets royaux, changés en 250 millions de *billets d'Etat*, continuaient à perdre 70 ou 80 pour cent. Le crédit public et le crédit privé étaient anéantis. Le régent, qui avait voulu mettre à l'essai la polysinodie de l'abbé de Saint-Pierre, et divisé l'administration de l'État en plusieurs conseils, avait placé le duc de Noailles à la tête du conseil des finances. Celui-ci proposait des plans d'économie fort sages, mais fort lents. On avait besoin cependant de moyens plus prompts pour sortir de la pénible situation où l'on se trouvait. C'est dans ce moment que Law vint offrir son système. Law était loin de désespérer du royaume de France, le plus fertile, le mieux peuplé du continent, et déjà l'un des plus industrieux de l'Europe. Quoique dans une situation momentanément malheureuse, ce beau royaume avait encore un revenu trois fois supérieur à celui de l'Angleterre. Pour y réveiller l'industrie, et alléger les charges sous le poids desquelles il semblait près de succomber, il ne fallait, selon Law, que rétablir la confiance et la circulation au moyen d'un bon système de crédit. Le génie et le caractère hardi de ses habitants le rendaient singulièrement propre à une conception nouvelle et grande. Repoussé sous le vieux roi, Law se flattait d'être accueilli sous le régent. Le duc d'Orléans, doué d'un esprit pénétrant et audacieux, ennemi des préjugés sous lesquels il avait été opprimé dans sa jeunesse, aimait les novateurs et les savants en tout genre. Il s'était occupé de sciences naturelles, de chimie et d'alchimie, jusqu'à se faire accuser de complicité avec les empoisonneurs. Il avait étudié surtout les matières de gouvernement ; il avait connu Law, apprécié son esprit, goûté sa personne et admiré ses théories. Un système, en effet, dont les principes étaient en partie vrais, et qui ne pouvait pécher que par la fausse application de ces principes, avait dû saisir le génie aventureux du prince, et l'avait complétement séduit. L'indépendance naissante des esprits, le goût de la nouveauté, la licence des mœurs, résultats d'une émancipation soudaine après une tutelle trop dure, tout se prêtait merveilleusement à une expérience qui allait changer pour un moment la face de la France.

Law ne fit pas de demi-proposition; il offrit son projet tout entier, c'est-à-dire une banque générale qui ferait l'escompte, percevrait les revenus de l'État, exploiterait les monopoles commerciaux, et présenterait à la fois une abondante monnaie de papier et des placements avantageux. Le conseil des finances, composé d'esprits sages mais timides, ne saisit pas le projet de Law ou s'en effraya, et en décida le rejet. Law restreignit alors ses prétentions. Il proposa une simple banque d'escompte, et offrit même de l'établir à ses frais. Il présenta plusieurs mémoires qui nous apprendraient peu de chose aujourd'hui, mais qui sont des modèles de bonne discussion. Il soutenait qu'une banque multiplierait le numéraire par l'émission des billets, rendrait les remises plus faciles de province à province, rétablirait la confiance par la création d'une monnaie fixe, l'*argent de banque;* permettrait aux étrangers de stipuler en France d'après des valeurs certaines, et contribuerait par toutes ces raisons au rétablissement du crédit public et privé. Law voulait en faire l'essai à ses risques et périls, et offrait ses biens en garantie, s'il en résultait quelque dommage.

Un membre du parlement de Paris, chargé de discuter le projet de Law, élevait des objections qu'il est intéressant de rappeler pour l'histoire de l'esprit de routine. Entre autres inconvénients, il insistait sur ceux-ci : Une banque ne pourrait pas payer si tout le monde voulait réaliser à la fois ses billets ; sa caisse tenterait l'avidité du gouvernement ; enfin, les billets auraient un danger attaché au papier, celui de pouvoir être plus facilement perdus, brûlés ou dérobés que l'argent.

On voit à quels financiers Law avait affaire. Il répondit à ces objections, et réussit à convaincre le régent. Son projet de banque d'escompte fut adopté, et il lui fut permis d'en établir une à ses propres frais. L'autorisation lui fut accordée par édit du 2 mai 1716. Le fonds de la banque fut de 6 millions, divisés en 1200 actions de 5 mille livres chacune. Elle était autorisée à escompter les lettres de change, à se charger des comptes des négociants au moyen des *virements de parties*, et à émettre des billets payables au porteur, en écus *du poids et titre de ce jour*, disait l'édit. Grâce à cette dernière clause, les variations de monnaie n'étaient plus à craindre pour ceux qui stipuleraient en *argent de banque*, puisqu'ils étaient assurés de traiter d'après l'état des monnaies, le 2 mai 1716. Outre cette garantie offerte aux étrangers, il leur en était accordé encore une autre : les billets de la banque et les valeurs qu'elle avait en dépôt étaient affranchis du droit d'aubaine. Les bureaux furent installés dans la maison même de Law. Le duc d'Orléans accepta le titre de protecteur du nouvel établissement.

Tout, à cette époque, rendait une banque d'escompte nécessaire, soit le haut prix de l'argent, soit l'incertitude des monnaies. Aussi l'établissement de Law ne pouvait-il manquer de réussir. Le gouvernement fut le premier à se servir des billets ; il en reçut, et il en donna en payement. Les porteurs de ces billets, ayant trouvé la plus grande facilité à les réaliser à la banque, prirent confiance, et la communiquèrent. On commença à se fier à ce papier si facilement réalisable en argent, et on prit plaisir à s'en servir, à cause de la promptitude qu'il introduisait dans les payements. Il avait surtout un avantage extrêmement senti, c'était d'être payable en monnaie fixe. La continuelle variation des monnaies était cause qu'on ne savait jamais sur quel pied on traitait. En stipulant en billets de la nouvelle banque, on savait que c'était en écus *du titre et poids du* 2 *mai* 1716. Ce fut une raison puissante pour tout le monde de stipuler ainsi, et de venir même à la banque déposer de l'argent pour obtenir des billets. Les étrangers qui n'osaient plus traiter avec Paris, à cause de l'incertitude des valeurs, stipulèrent également en billets, et reprirent le cours de leurs affaires avec la France. La circulation se rétablit ainsi peu à peu. Le taux modéré de l'escompte exerça aussi la plus heureuse influence. On vit l'usure diminuer et le crédit renaître. Enfin, en moins d'un an, tous les résultats annoncés par Law se trouvèrent en grande partie réalisés.

Ces heureux débuts lui attirèrent la faveur du public, et lui valurent toute la confiance du régent. Bientôt ce prince s'abandonna entièrement au financier écossais, et voulut lui procurer les moyens de mettre tous ses plans à exécution. La première chose à faire était d'étendre les relations de la banque, et d'introduire ses billets en province, afin de la convertir, de banque particulière, en banque générale. Pour cela, il fallait que les billets transportés en province pussent s'y changer en espèces, ou y trouver un emploi. C'est ce qui fut fait par l'édit du 10 avril 1717, rendu un an après l'institution de la banque. En vertu de cet édit, les billets pouvaient être donnés en payement des impôts, et les fermiers, sous-fermiers, receveurs, etc., tous les trésoriers de l'État en un mot, étaient tenus d'en acquitter la valeur en espèces, lorsqu'il leur en serait présenté. C'était le meilleur moyen de rendre le service de la banque général, puisque les billets envoyés en province pouvaient y servir à l'acquittement des impôts, ou s'y convertir instantanément en numéraire. Dès ce moment les billets furent employés à toutes les remises de Paris sur les provinces, et des provinces sur Paris. Il devint inutile de faire voyager les espèces, car toutes celles qui auraient eu à circuler de ville en ville furent déposées soit à la banque, soit dans les caisses publiques, et changées contre des billets qui voyagèrent à leur place. De cette manière la réserve générale de la banque tendit à s'augmenter de tout le métal qui aurait été déplacé, et Law se vit à la veille de réaliser son projet d'une vaste banque, ayant pour réserve tout le numéraire de l'État. Les frais de transport étaient économisés, la circulation était accélérée, et, pour la rendre plus sûre, Law avait encore imaginé un moyen des plus simples, c'était de faire endosser les billets par ceux qui les envoyaient, sans que l'endossement entraînât de leur part aucune garantie. Cette précaution empêchait qu'ils ne fussent ou perdus ou volés, car celui qui les aurait ou trouvés ou dérobés n'aurait pas pu s'en servir. Ils ne tardèrent pas à circuler par toute la France en sommes considérables : ils rentraient dans les caisses de Paris chargés d'endossements, et on les détruisait immédiatement pour les remplacer par d'autres.

Le succès de cette banque fut bientôt extraordinaire. Avec un fonds qui n'était que de 6 millions, elle put émettre jusqu'à 50 et 60 millions de billets, sans que la confiance fût le moins du monde ébranlée. La demande des billets s'élevait au contraire chaque jour, et les dépôts d'or et d'argent s'augmentaient à vue d'œil. Si Law s'en était tenu à cet établissement, il serait considéré comme un des bienfaiteurs de notre pays, et comme le créateur d'un superbe système de crédit. Mais son impatience, jointe à celle de la nation chez laquelle il opérait, amena en peu de temps un établissement gigantesque et désastreux.

Law songeait toujours à concentrer dans un seul établissement la banque, l'administration des revenus publics et les monopoles commerciaux.

Il résolut, pour arriver à ce résultat, de constituer à part une compagnie de commerce, à laquelle il ajouterait successivement différentes attributions, à mesure qu'elle réussirait, et qu'il fondrait ensuite avec la banque générale. Construisant ainsi séparément chacune des pièces de sa vaste machine, il se proposait de les réunir ultérieurement et d'en former le grand ensemble, objet de ses rêves et de son ardente ambition.

Un immense territoire, récemment découvert par un Français dans le nouveau monde, s'offrait aux spéculations de Law. Les Espagnols s'étaient établis depuis longtemps autour du golfe du Mexique, les Anglais le long des rivages de la Caroline et de la Virginie, les Français dans le Canada. Mais, tandis que les bords de l'Amérique septentrionale étaient ainsi occupés par les Européens, l'intérieur de cette belle contrée restait inconnu et livré aux peuplades indiennes.

Le chevalier de Lasalle, célèbre voyageur de ce temps, ayant pénétré en Amérique par le haut Canada, descendit la rivière des Illinois, arriva tout à coup sur un grand fleuve d'une demi-lieue de largeur, et s'abandonnant à son cours, se trouva transporté au milieu du golfe du Mexique. Ce fleuve qu'il avait parcouru était le *Mississipi*. Le chevalier de Lasalle prit possession, pour le roi de France, de la contrée qu'il avait traversée, et lui donna le beau nom de Louisiane. Une colonie y fut aussitôt envoyée. Un hardi commerçant, nommé Crozat, obtint le privilége d'y commercer, et essaya de fonder un établissement, dont la jalousie des voisins, la négligence des colons, l'indiscipline des troupes, empêchèrent le succès. Il demanda dès lors à être déchargé d'un privilége devenu onéreux. Law imagina de se faire son successeur. On parlait de la magnificence et de la fertilité de cette nouvelle contrée, de l'abondance de ses produits, de la richesse de ses mines, qu'on disait bien plus considérables que celles du Mexique et du Pérou. Law, profitant de la disposition des esprits, forma le projet d'une compagnie qui réunirait au commerce de la Louisiane la traite du castor dans le Canada. Le régent lui accorda ce qu'il demandait par un édit rendu en août 1717, quinze mois après le premier établissement de la banque.

La nouvelle compagnie reçut le titre de *compagnie des Indes occidentales*. Elle devait avoir la souveraineté de toute la Louisiane, à la seule condition de l'hommage-lige envers le roi de France, et d'une couronne d'or de 30 marcs à chaque changement de règne. Elle devait exercer tous les droits de la souveraineté, tels que ceux de lever des troupes, d'armer des vaisseaux, de construire des forts, d'instituer des tribunaux, d'exploiter les mines, etc. Le roi lui abandonna les vaisseaux, forts et munitions qui avaient appartenu à la compagnie Crozat, et lui concéda.

en outre, le privilége exclusif du commerce des castors dans le Canada. Les armes de cette compagnie souveraine représentaient un vieux fleuve appuyé sur une corne d'abondance.

Le capital fourni par les actionnaires fut de 100 millions. On le divisa en 200 mille actions de 500 livres chacune. Ces actions avaient la forme de billets au porteur, et se transféraient au moyen d'un simple endossement. A toutes ces dispositions Law en ajouta une fort importante, dans le double but d'assurer le débit des actions et de relever le crédit de l'État. On a vu que les effets royaux de toute origine avaient été convertis en 250 millions de *billets d'État*, qui perdaient 70 ou 80 pour cent, et que le trésor était dans l'impossibilité de rembourser, Law fit insérer dans l'édit une clause par laquelle les actionnaires étaient autorisés à fournir un quart en argent et trois quarts en *billets d'État*. Vingt-cinq millions en numéraire suffisant pour les premiers travaux de la compagnie, 75 millions de *billets d'État* trouvaient ainsi un débouché avantageux, ce qui ne pouvait manquer de relever promptement les 175 millions restant sur la place. Le trésor devait continuer de payer l'intérêt de 4 pour cent alloué aux *billets d'État*, ce qui faisait 3 millions annuellement payables par l'État à la compagnie. La première année, ces 3 millions devaient être consacrés aux frais de premier établissement; les années suivantes, ils devaient être répartis aux actionnaires avec les profits du commerce. Cette combinaison se réduisait à l'opération suivante : l'État abandonnait à une partie de ses créanciers la propriété et le commerce de la Louisiane et du Canada, moyennant qu'ils ajoutassent à leur créance une avance de 25 millions en argent pour l'établissement de la nouvelle colonie

Les actions de la compagnie d'*Occident* n'excitèrent pas d'abord beaucoup d'ardeur, excepté chezles capitalistes qui avaient des *billets d'État*. Le reste du public demeura froid, malgré les merveilles qu'on racontait du pays cédé à la compagnie. Les actions se négociaient au-dessous du pair, ce qui était naturel, puisqu'elles avaient été payées 25 millions en argent, et 75 millions en billets qui valaient tout au plus 25 millions : le tout ne représentait donc que 50 millions effectifs, et elles devaient nécessairement rester au-dessous du pair. Cependant elles avaient contribué à relever le crédit des papiers d'État. La banque en acheta un certain nombre, et plaça son capital de 6 millions en actions d'*Occident*.

Law se hâta d'entreprendre les travaux de l'établissement projeté en Amérique. On arma des vaisseaux, on embarqua des troupes, on recueillit des filles perdues et des vagabonds pour les envoyer dans les solitudes qu'il s'agissait de peupler. On fit des concessions de terres, et Law appela même du fond de l'Allemagne des cultivateurs qui allèrent s'embarquer à Brest.

Law gagnait tous les jours dans l'esprit du régent, prince amoureux de tout ce qui était ingénieux et brillant, et réduit par la détresse présente à se nourrir de chimères. Le conseil des finances voyait avec jalousie l'influence croissante de Law, et le duc de Noailles, président de ce conseil, qui avait toujours opiné pour les économies, en repoussant la ressource hasardeuse du crédit, donna sa démission. Il fut remplacé par M. d'Argenson, ancien chef de la police, homme ferme, habile, dévoué au régent, mais étranger aux matières de finances. Law rencontrait encore une autre opposition, c'était celle du parlement. Ce corps avait cru trouver, dans la minorité actuelle, l'occasion facile de recouvrer son importance perdue sous Louis XIV; il fatiguait le régent de tracasseries de toute espèce, et témoignait surtout la plus vive animosité contre le financier écossais. La haine des nouveautés, naturelle à un vieux corps, n'était pas la seule raison de cette animosité. Law avait dit assez hautement que, par son système de crédit, il rendrait la cour indépendante des parlements, en la dispensant de recourir à des impôts extraordinaires. Il avait même ajouté qu'il fournirait au régent les moyens de rembourser les charges de judicature. Aux vues d'une prudence étroite se joignaient donc chez les magistrats des motifs tout personnels d'en vouloir à Law, et ils résolurent de fulminer un arrêt contre son système naissant.

Le parlement ne savait comment sévir contre la compagnie d'*Occident;* car il n'avait aucune raison à faire valoir contre l'établissement d'une compagnie de commerce. Il prit le parti de frapper la banque, contre laquelle il y avait cependant beaucoup moins à dire, du moins dans son état actuel. Établie en mai 1716, il y avait un an et demi qu'elle rendait de véritables services au crédit; devenue banque générale en avril 1717, il y avait cinq mois qu'elle faisait circuler ses billets par toute la France. Ce fut l'édit qui ordonnait de recevoir les billets en payement de l'impôt, et qui enjoignait à tous les trésoriers de l'État de les convertir en espèces, à la volonté des porteurs, que le parlement résolut d'annuler. Par arrêt du 18 août 1717, il cassa le dispositif de cet édit, et défendit à tous les officiers dépositaires des deniers publics de recevoir les billets de la banque de Law.

Le régent, qui avait plusieurs choses à exiger du parlement, soit au sujet des princes légitimés, soit au sujet des finances, se décida enfin à tenir un lit de justice. Le roi enfant fut amené de Vincennes à Paris, et le parlement, obligé de venir à pied jusqu'au Louvre, consentit à tout ce que lui imposa la volonté du régent. Son arrêt contre la banque fut cassé ; il fut établi, en outre, qu'à l'avenir ses remontrances aux édits royaux devraient êtres faites sous huit jours, délai après lequel les édits seraient censés enregistrés. Le parlement se soumit, et Law put continuer ses opérations.

Pendant la fin de l'année 1717 et le commencement de l'année 1718, les choses demeurèrent dans le même état. La banque continuait de rendre au crédit public et privé d'incontestables services, et, de son côté, la compagnie d'*Occident* travaillait à son établissement. Les actions de cette compagnie s'élevaient lentement et se trouvaient encore au-dessous du pair; mais il était évident que Law, en pleine faveur, allait se rendre maître absolu des finances. M. d'Argenson à son tour était devenu jaloux du puissant Écossais, et il médita un projet à l'encontre de la compagnie d'*Occident*. Il existait à cette époque dans le commerce quatre frères, nommés Paris, fort connus depuis par leur vaste fortune, leurs spéculations heureuses et leurs liaisons avec Voltaire : c'étaient des Grenoblois, fins, actifs, et généralement estimés. M. d'Argenson s'entendit secrètement avec eux, et ils formèrent ce qu'on appela l'*anti-système*. On affermait alors une partie des revenus de l'État, consistant dans les droits sur le sel, sur l'enregistrement des actes, sur les consommations, etc., etc. : et c'est l'ensemble de ces perceptions qu'on abandonnait à des associations de financiers, sous le titre de *fermes générales*. M. d'Argenson les fit de nouveau mettre à l'enchère, et adjuger aux frères Paris, sous le nom d'Aymard-Lambert, et pour le prix annuel de 48 millions 500 mille livres. Le capital exigé pour l'entreprise des fermes fut porté à 100 millions, comme celui de la compagnie d'*Occident*, et divisé en actions de même forme et de même valeur. Ces actions promettaient un dividende considérable, car on évaluait à 12 ou 15 millions le profit des fermes, ce qui faisait 12 ou 15 pour cent du capital fourni;

de plus, ce dividende était assuré, puisqu'il était fondé, non sur les succès éventuels du commerce, mais sur la perception certaine des revenus de l'État. A la vérité, ces actions coûtaient plus cher; car, au lieu d'être payables en *billets d'État*, qui perdaient trois quarts de leur capital nominal, elles étaient payables en bons contrats de rente sur l'hôtel de ville, sur les postes, les tailles, etc.; mais leur revenu était si considérable et si assuré, qu'elles devaient avoir l'avantage sur les actions d'*Occident*. Elles l'obtinrent en effet, et bientôt elles furent fort recherchées sur la place sous le nom d'actions de l'*anti-système*.

La faveur de la banque allait toujours croissant; toutefois, les actions d'*Occident* ne s'élevaient guère et restaient fort au-dessous du pair, tandis que les actions de l'*anti-système* étaient très-recherchées. Law ne se découragea point, et compta sur l'achèvement de son plan pour triompher des frères Paris. Dabord il changea la banque d'établissement privé en établissement public, comme il en avait toujours eu le projet. Le 4 décembre 1718, c'est-à-dire deux ans et demi après sa création, elle fut déclarée banque royale. Law en fut nommé directeur; le capital d'origine fut remboursé en espèces sonnantes aux actionnaires. En janvier, février, mars et avril 1719, la demande croissante des billets en fit augmenter l'émission jusqu'à 110 millions. Ils se répandirent dans toute la France, et, pour en étendre encore l'usage, il fut défendu d'exécuter des transports de numéraire entre les villes où existaient des bureaux de la banque. Les remises entre ces villes devaient s'opérer en billets. Ce moyen forcé aurait été dangereux si la confiance n'avait été entière : il tenait à cette impatience de succès qui caractérisait le génie de Law.

Law méditait de bien autres projets pour sa

compagnie d'*Occident*. Il parla d'abord mystérieusement des avantages qu'il lui préparait. Lié avec un grand nombre de seigneurs, qu'attiraient son esprit, sa fortune, et l'espérance de profits considérables, il les engagea fort à se procurer des actions en affirmant qu'elles allaient s'élever rapidement. Lui-même s'obligea bientôt à les acheter au-dessus du pair. Le pair étant de cinq cents livres, deux cents de ces actions réprésentaient au pair une somme de cent mille livres. Le prix du jour étant de 300 livres, il suffisait de soixante mille livres pour s'en procurer deux cents. Il contracta l'engagement de payer ces deux cents au prix de cent mille livres, dans un temps déterminé, ce qui supposait qu'elles gagneraient au moins 200 livres chacune, et qu'on pourrait réaliser sur le tout un bénéfice de quarante mille livres. Il s'engagea, pour rendre cette espèce de pari plus sûr, de payer la différence de 40 mille livres d'avance, et consentit à la perdre s''il ne réalisait pas l'acquisition convenue. Ce fut là le premier exemple du marché *à prime*. Ce marché consistait à donner une arrhe appelée *prime*, qu'on devait perdre si l'on n'achetait pas. Celui qui concluait ce marché avait la faculté de ne pas l'exécuter, s'il perdait plus à l'exécuter qu'à l'abandonner. Law, en effet, n'aurait eu d'avantage à sacrifier les quarante mille livres pour se dégager, que si à l'époque marquée les actions n'avaient pas valu soixante mille livres, c'est-à-dire 300 livres chacune; car alors, obligé de payer cent mille livres ce qui n'en aurait valu que cinquante mille par exemple, il eût été moins dommageable d'en perdre quarante mille pour résoudre son engagement. Mais il est évident que, si Law voulait par ce moyen limiter la perte possible, il espérait cependant n'en faire aucune, et qu'au contraire il croyait fermement que les deux cents actions vaudraient au moins cent mille livres, c'est-à-dire 500 livres chacune, à l'époque déterminée.

Cette forte *prime* éveilla l'attention de beaucoup de gens, et on s'empressa d'acheter des actions d'*Occident*. Elles s'élevèrent sensiblement pendant le mois d'avril 1719, et approchèrent du pair. Enfin, au mois de mai, Law dévoila ses projets; le régent tint la promesse qu'il lui avait faite, et lui permit de réunir au commerce des Indes occidentales celui des Indes orientales.

Les deux compagnies des Indes orientales et de la Chine, établies en 1664 et en 1713, avaient fort mal géré leurs affaires; elles avaient cessé de faire le commerce, et revendu leur privilége à un taux qui rendait ce commerce très-onéreux. Les négociants sous-acheteurs du privilége n'osaient pas même s'en servir, de peur de voir leurs vaisseaux saisis par les créanciers de la compagnie. La navigation de l'Orient était donc tout à fait abandonnée, et il devenait urgent d'y pourvoir. Par arrêt du mois de mai 1719, Law fit attribuer à la compagnie des Indes occidentales le privilége exclusif du commerce dans toutes les mers qui s'étendent au delà du cap de Bonne-Espérance. Désormais elle pouvait seule fréquenter les îles de Madagascar, de Bourbon et de France, la côte de Sofola en Afrique, la mer Rouge, la Perse, le Mongol, Siam, la Chine, le Japon. Le commerce du Sénégal, acquis de la compagnie qui le possédait, fut réuni à tous les autres, de manière que la compagnie avait le privilége du commerce français en Amérique, en Afrique, en Asie. Son titre fut agrandi comme ses attributions ; elle ne s'appela plus compagnie *des Indes occidentales*, mais compagnie des INDES. Ses règlements restèrent les mêmes. Il lui fut permis d'émettre une nouvelle série d'actions, afin de se procurer les fonds nécessaires, soit pour payer les dettes des compagnies auxquelles elle succédait, soit pour créer des établissements convenables. Ces actions furent émises au nombre de 50 mille, et au pair de 500 livres, ce qui faisait 25 millions de capital nominal. Mais la compagnie exigea qu'elles fussent payées 550 livres en argent, c'est-à-dire 27 millions 250 mille livres, tant elle supposait les avantages considérables et la faveur du public certaine. Elle exigea 50 livres comptant, et les 500 livres restantes en vingt payements égaux, de mois en mois. Dans le cas où les payements ne seraient pas effectués intégralement, les 50 livres fournies d'avance devaient être perdues pour le souscripteur. C'était un véritable marché *à prime* conclu avec le public.

L'accomplissement si prompt des promesses de Law, l'importance et l'étendue des derniers priviléges conférés à la compagnie d'*Occident*, enfin les facilités accordées aux souscripteurs, tout engageait à souscrire les actions nouvelles. Le mouvement devint rapide. On pouvait, grâce aux termes accordés, se procurer, en déboursant

550 livres, onze actions au lieu d'une, et spéculer ainsi avec peu d'argent sur des sommes considérables. A ce moyen d'attirer les spéculateurs, Law en ajouta un autre : il fit décider qu'on ne pourrait souscrire les nouvelles actions qu'en exhibant quatre fois autant des anciennes. Il fallut alors se hâter de les acquérir pour remplir la condition exigée. Bientôt elles furent portées au pair et fort au-dessus. De 300 livres, où elles étaient d'abord, elles montèrent à 500, 550, 600 et 750 livres, c'est-à-dire qu'elles gagnèrent cent cinquante pour cent. On nomma les secondes actions *les filles*, pour les distinguer des premières.

Law, tout préoccupé encore du désir de vaincre l'*anti-système*, ne songea qu'à joindre de nouveaux priviléges à ceux dont la compagnie des Indes jouissait déjà. La fabrication des monnaies présentait de grands bénéfices à faire sur les refontes. On a vu que le régent avait ordonné de refondre le milliard du numéraire existant, et de le rejeter dans la circulation pour 1200 millions : c'étaient, par conséquent, 200 millions à gagner. Il n'y avait qu'une petite partie de ce numéraire déjà rentrée ; le profit restait donc à réaliser presque en entier, sauf la part absorbée par le *billonnage*. Par un nouvel édit du 25 juillet 1719, Law fit attribuer pour neuf ans, à la compagnie des Indes, l'administration et la fabrication des monnaies. La compagnie paya ce nouvel avantage 50 millions. Le régent, facile et prodigue, avait besoin de cette somme pour suffire aux dépenses de l'État et de sa cour. Afin que la compagnie pût se la procurer, il lui fut permis de créer encore 50 mille actions au capital nominal de 500 livres, ce qui n'aurait supposé qu'un versement de 25 millions. Toutefois, considérant l'empressement du public, elles lui furent livrées, non pas à 550 livres comme les précédentes, mais à 1,000 livres, afin de produire la somme de 50 millions à l'État.

On avait nommé *filles* les actions de la seconde création ; on nomma *petites-filles* celles de la troisième.

Les mêmes précautions avaient été prises pour assurer le succès. Vingt mois étaient accordés pour les payements. Afin d'en avoir une nouvelle, il fallait en représenter cinq des anciennes; enfin il était annoncé que le registre des souscriptions serait ouvert pendant vingt jours seulement, et que, après ce temps, les actions non souscrites appartiendraient à la compagnie. Ces ruses, fort nouvelles alors, excitèrent le plus vif empressement. On courut souscrire les actions au prix de 1,000 livres dans les bureaux de la compagnie. Une circonstance contribua beaucoup à exciter l'ardeur générale. La compagnie fit connaître qu'elle distribuerait deux dividendes par an, de 6 pour cent chacun, ce qui constituerait un revenu de 12 pour cent. Quoique très-hardie, cette promesse n'était pas impossible à tenir. Il y avait 200 mille actions de la première création, 50 mille de la seconde, et 50 mille de la troisième, ce qui formait un total de 300 mille. A 500 livres chacune, elles représentaient un capital nominal de 150 millions. Pour fournir 12 pour cent par an à ce capital, il ne fallait que 18 millions : or, les 3 millions annuellement dus par le trésor à la compagnie pour les 75 millions de *billets d'État*, le bénéfice présumable sur les monnaies, et les profits du commerce pouvaient bien produire la somme de 18 millions dans l'année. C'était un intérêt de 12 pour cent sur les 200 mille premières actions, payées 100 millions ; d'un peu moins sur les 50 mille, appelées *les filles*, et payées 27 millions 500 mille livres ; enfin de 6 pour cent sur les 50 mille *petites-filles*, souscrites au prix de 50 millions.

On touchait au mois d'août. Les actions se négociaient fort au-dessus de 1,000 livres. Ceux qui les avaient acquises à ce prix, obtenaient déjà un bénéfice considérable; mais ceux qui les avaient achetées à 500 livres, et surtout à 300, ce qui était le cas pour les premiers acquéreurs, gagnaient cent et deux cents pour cent. Les créanciers du trésor qui n'avaient acheté les premières que pour faire emploi de leurs *billets d'État*, et qui étaient tout joyeux de retrouver non-seulement la valeur entière d'un capital qu'ils avaient cru perdu, mais de le voir doublé, se hâtèrent de vendre, et de réaliser ainsi un bénéfice inespéré. Les spéculateurs plus avisés gardèrent leurs actions, en achetèrent au lieu d'en vendre, et se préparèrent de la sorte des fortunes considérables.

Il y avait, entre les rues Saint-Denis et Saint-Martin, une rue nommée Quincampoix, qui avait toujours été habitée par les banquiers et les trafiquants de papier. Il n'existait point encore à Paris, comme à Londres et à Amsterdam, une bourse où les commerçants de toute espèce se réunissent, pour s'offrir ou des marchandises ou des effets publics. On venait chez les banquiers de la rue Quincampoix s'informer des cours, négocier des valeurs, et spéculer sur les différents effets émis par le trésor. Depuis que les guerres ruineuses de Louis XIV avaient obligé de recourir au crédit, il s'était formé à Paris des commerçants de papier, dignes du débiteur sur les engagements duquel ils spéculaient. Les mauvais débiteurs donnent naissance aux usuriers : de même les gouvernements inexacts font naître les agioteurs. Tout papier qui présente des chances appelle des spéculateurs aventureux, qui se plaisent à vivre au milieu des hasards, et qui ont la probité et les mœurs du joueur. Paris regorgeait alors de ces hommes, dont les uns avaient fait fortune, dont les autres attendaient l'occasion de la faire, et, en attendant, vivaient d'expédients. Comme à cette époque il n'y avait pas encore d'agents de change, quelques-uns de ces trafiquants avaient établi des comptoirs dans la rue Quincampoix, et vendaient ou achetaient pour le compte d'autrui les effets en circulation. Depuis l'établissement des deux nouvelles compagnies, celle des Indes et celle des fermes, l'affluence était devenue fort grande dans leurs bureaux; et même les spéculateurs, ne pouvant plus y tenir, avaient fini par stationner dans la rue Quincampoix, où ils formaient des groupes nombreux. Là, on débitait les nouvelles qui pouvaient produire la hausse ou la baisse; on offrait, ou l'on demandait des actions.

Il y avait partage chez les agioteurs : les uns se prononçaient pour le système de Law, les autres contre. L'un des plus importants parmi eux, le nommé Leblanc, s'était réuni aux frères Paris contre Law. Le prince de Conti, qui avait été d'abord très-favorisé dans les souscriptions, mais que Law avait été obligé d'éconduire parce qu'il était devenu trop exigeant, s'était joint aux adversaires de ce qu'on appelait le *système*. Ils se coalisèrent, se procurèrent une grande quantité de billets, et vinrent tous à la fois en demander la conversion en espèces. Law, averti à temps, satisfit aux premières demandes, et, pour parer aux autres, eut recours à une mesure violente, qu'expliquait, sans la justifier, la conduite peu loyale de ses adversaires. Il fit rendre un édit ordonnant une réduction dans la valeur des espèces, à partir d'un certain jour. Les accapareurs du numéraire, ne voulant pas supporter cette réduction, s'empressèrent de le rapporter à la banque. Le public entier se prononça pour Law, et le prince de Conti fut l'objet du blâme universel.

Law songeait enfin à compléter son projet en réunissant les fermes à la compagnie des Indes, et en remboursant la dette publique. C'était la partie la plus grande et la plus difficile de son plan. De ces deux mesures, la première détruisait l'*anti-système*, et procurait l'administration des revenus indirects à la compagnie des Indes; la seconde était promise au régent, et devait débarrasser l'État de charges accablantes.

La dette publique était de 15 à 16 cents millions, partie en contrats de rentes perpétuelles, partie en *billets d'État* prochainement exigibles. L'intérêt à servir était de 80 millions, c'est-à-dire de la moitié du revenu de la France. Il fallait une combinaison pour satisfaire à la prochaine échéance des *billets d'État*, et pour diminuer une charge annuelle à laquelle le trésor ne pouvait plus suffire.

Law imagina de substituer la compagnie à l'État, et de convertir la totalité de la dette publique en actions des Indes. Pour y parvenir, il voulait que la compagnie prêtât au trésor 15 ou 16 cents millions, qui serviraient à rembourser la dette, et que, pour se procurer cette somme énorme, elle émît 15 ou 16 cents millions d'actions. De cette manière les 15 ou 16 cents millions fournis par la compagnie à l'État, et remboursés par l'État aux créanciers, devaient revenir à la compagnie par l'achat des actions. Voici les moyens que Law avait conçus pour assurer le succès de ce plan. L'État servirait un intérêt de 3 pour cent à la compagnie sur les 15 ou 16 cents millions qu'elle lui prêterait, ce qui devait produire 45 ou 48 millions par an. Le trésor obtiendrait donc sur le service de la dette une économie annuelle de 32 ou 35 millions. En retour, on devait transporter à la compagnie les fermes générales, actuellement adjugées aux frères Paris. Les fermes procuraient aux fermiers 15 ou 16 millions de profit net : la compagnie recevant d'une part 3 pour cent, et recueillant de l'autre un profit de 15 ou 16 millions, était en mesure de servir un intérêt de 4 pour cent aux 16 cents millions de la dette convertis en actions. Ses profits sur le commerce et ses succès à venir pouvaient lui fournir bientôt le moyen d'augmenter ce dividende. D'après le taux actuel de l'intérêt, qui avait baissé jusqu'à 3 pour cent depuis l'établissement de la banque, c'était pour les actions une rémunération suffisante. Elles avaient de plus l'espérance de l'augmentation du capital. Ayant, en effet, doublé avec la concurrence de l'*anti-système*, elles devaient, délivrées de cette concurrence, faire de bien plus rapides progrès. On était donc fondé à espérer que les 15 ou 16 cents millions de la dette viendraient se placer dans les actions. On en avait même la certitude; car, forcément expulsé du placement sur l'État, cet immense capital n'avait d'autre ressource que le placement sur la compagnie.

Le plan de Law était vaste et hardi. Il devait avoir pour conséquence d'acquitter l'État, et d'alléger ses charges annuelles, en réduisant l'intérêt de la dette publique de 80 à 45 ou 48 millions. Les 32 ou 35 millions dont le trésor allait être annuellement déchargé devaient être suppléés par le profit de 15 ou 16 millions qu'on enlevait aux fermiers, et par les produits éventuels du commerce. L'opération consistait donc à rembourser les créanciers avec 3 pour cent par an, et avec des profits et des monopoles abandonnés jusque-là aux traitants et aux compagnies de commerce. Cet intérêt de 3 pour cent, ces profits et ces monopoles, pouvaient bien produire, comme on le verra bientôt, la somme annuelle de 80 millions dont les créanciers jouissaient auparavant. Jusqu'ici, en les forçant à cette conversion, on ne les fraudait pas : on substituait à un crédit usé un crédit tout neuf; on élevait un établissement qui, réunissant à la fois la banque, le commerce, l'administration, devait former la puissance financière la plus colossale qui eût encore existé.

Mais, si ce plan présentait d'incontestables

avantages, il fallait les plus sages précautions pour l'exécuter. En effet, 15 ou 16 cents millions déplacés tout à coup, et transportés des contrats de rentes sur les actions des Indes, avaient besoin d'être conduits avec une extrême prudence pour les obliger à venir, et pour les empêcher en même temps de se précipiter; pour éviter ou une fuite ou une ardeur désordonnée. On va voir de quelle manière on s'y prit pour accomplir cette opération, l'une des plus audacieuses qu'on ait jamais tentées en finances.

Par édit du 27 août 1719, le bail des grandes fermes fut résilié. Elles furent retirées aux frères Paris, et adjugées à la compagnie des Indes, qui, au lieu de 45 millions 500 mille livres par an, s'engagea d'en donner au trésor 52 millions. La compagnie promit de prêter à l'État la somme de 1,500 millions au taux de 3 pour cent : c'étaient, par conséquent, 45 millions qui étaient dus par an à la compagnie, et qu'elle était autorisée à prélever sur le produit annuel des fermes, de façon qu'il ne lui restait plus à fournir au trésor que 7 millions par an.

On ordonna ensuite le remboursement, 1° des actions des fermes payées en contrats de rentes; 2° des *billets d'État*, dont il restait 175 millions perdant encore 60 pour cent; 3° de toutes les rentes sur l'État s'élevant à un capital de 12 ou 13 cents millions. Les porteurs de ces divers titres étaient invités à se rendre aux bureaux du trésor, où l'on devait leur donner un *récépissé* mentionnant la valeur liquidée de leur créance, et ils devaient ensuite présenter ce *récépissé* aux bureaux de la compagnie, qui en acquitterait la valeur en argent, ou en billets de la banque. Il avait été convenu qu'il serait fabriqué des billets en quantité suffisante pour opérer ce remboursement, et qu'on les annulerait immédiatement lorsqu'ils rentreraient par l'émission des actions. Il était inévitable, en effet, que la dette fût remboursée avant de se convertir en actions des Indes. Il fallait donc en faire l'avance. La banque, appartenant au roi, fut chargée d'y pourvoir avec ses billets.

A peine ces diverses dispositions furent-elles connues, qu'un mouvement extraordinaire se manifesta de toute part. Les actions des Fermes et les *billets d'État* étant à la veille de disparaître, les actions des Indes restaient seules aux spéculateurs; de plus, la dette devant être remboursée, il était clair qu'elles allaient offrir un placement qui serait bientôt ardemment recherché. Elles montèrent donc avec une singulière rapidité. De 1,000 et 1,500 livres, elles s'élevèrent à 2, 3 et 4 mille livres, c'est-à-dire à quatre, six et huit fois le capital primitif.

Le 13 septembre, Law commença la nouvelle émission des actions. Il en existait déjà 300 mille au capital nominal de 150 millions, émises les unes au prix de 500 livres, les autres au prix de 550 livres, et les dernières à celui de 1,000 livres. Une nouvelle émission de 100 mille actions fut ordonnée, au capital nominal de 500 livres, et au prix de 5 mille livres, ce qui présentait un capital nominal de 50 millions et une rentrée de fonds de 500 millions. C'était le tiers de ce que la compagnie était tenue de fournir à l'État. Le payement devait s'effectuer en dix termes égaux, de mois en mois. Le premier était seul exigé en argent.

L'empressement à souscrire fut prodigieux. Tout ce qu'il y avait de capitaux disponibles, soit dans les mains des agioteurs, soit dans celles des créanciers de l'État, fut employé en souscriptions. Chacun prévoyait l'importance de ces actions qui allaient devenir le seul placement des 1,500 millions errants de la dette publique, et on s'empressait de les retenir d'avance pour les faire ensuite payer cher aux malheureux créanciers de l'État. Cet accaparement n'était pas difficile, puisque, avec 5 mille livres, on pouvait, au lieu d'une action, en souscrire dix.

Les créanciers, en se voyant privés de leurs placements, se plaignirent avec raison de n'avoir pas la préférence sur toutes les classes de souscripteurs. Law, s'apercevant alors de la faute qu'il avait commise, fit rendre, le 26 septembre, c'est-à-dire treize jours après l'ouverture de la souscription, un édit par lequel le payement des actions ne devait être opéré qu'en *billets d'État* ou en *récépissés* de remboursement. Ce mode assurait aux créanciers la préférence, ou bien la vente de leurs titres aux spéculateurs à des conditions avantageuses. Mais il arrivait tard, et les spéculateurs avaient déjà retenu pour eux une grande partie de la somme émise. Ce mode, quoique tardif, avait encore un autre avantage : il dispensait le trésor de faire en billets l'avance du remboursement. Au lieu d'aller changer les *récépissés* en billets, et les billets en actions, on allait tout simplement porter les *récépissés* au bureau des souscriptions. On simplifiait ainsi le procédé, et on s'épargnait l'émission passagère d'une somme énorme de papier.

La première souscription ayant été remplie en quelques jours, Law en ouvrit une nouvelle le 28 septembre, de même valeur et aux mêmes conditions que la précédente : c'étaient 100 mille actions à prendre, au capital nominal de 500 livres, au prix de 5 mille livres, ce qui supposait un versement de 500 millions en dix payements égaux, dont un comptant.

L'empressement des souscripteurs fut le même. Les créanciers, pour avoir leurs *récépissés*, passaient des journées entières au trésor; il y en avait même qui s'y faisaient apporter à manger, pour ne pas perdre leur rang. Les *billets d'Etat* étaient naturellement fort recherchés, et avaient rapidement atteint le pair. Ils avaient même donné lieu à une spéculation des plus répréhensibles. Un affidé de Law, le Prussien Versénobre, ayant connu à l'avance l'édit du remboursement, abusa du secret, fit acheter par quelques agioteurs, auxquels il s'était associé, une quantité considérable de *billets d'État*, qu'on obtenait alors à 50 ou 60 pour cent au-dessous de leur valeur nominale, et les employa dans les souscriptions où ils étaient reçus au pair. Si l'on songe que les souscriptions procuraient déjà un grand profit, et qu'au moyen des *billets d'État* on ne les payait que la moitié, on comprendra quel bénéfice dut réaliser cette troupe d'agioteurs.

Ceux qui avaient le projet de souscrire n'avaient rien fait encore, lorsqu'ils s'étaient procuré des *récépissés* ou des *billets d'État* : il leur fallait parvenir à l'hôtel de Nevers, où étaient reçues les souscriptions. On s'étouffait pour y pénétrer. Les portiers de l'hôtel gagnaient des sommes importantes en allant souscrire pour ceux qui ne pouvaient pas arriver jusqu'aux bureaux. Des aventuriers prenant la livrée de Law, et se disant ses domestiques, traversaient la foule, et faisaient payer ce service à un très-haut prix. Les moindres employés de la compagnie étaient des protecteurs recherchés. Quant aux employés supérieurs, et à Law lui-même, ils étaient adulés comme les dispensateurs des faveurs de la fortune. Les avenues de l'hôtel de Law étaient encombrées d'équipages. La plus brillante noblesse de France venait solliciter humblement ces souscriptions, qui étaient déjà fort au-dessus du prix d'achat, et qui devaient s'élever bien davantage encore. Par un article de l'édit constitutif de la compagnie, la propriété des actions n'entraînait pas la dérogeance. La noblesse pouvait donc se livrer à ce genre de trafic sans périls pour ses titres. Elle était aussi endettée que le roi, grâce à ses prodigalités et aux longues guerres du siècle, et elle cherchait dans les spéculations heureuses le moyen de gagner au moins la valeur de ses dettes. Elle entourait, elle flattait Law, qui, fort appliqué à se créer des partisans, gardait peu de souscriptions pour lui-même, et les distribuait toutes à ses amis de cour.

La nouvelle souscription fut encore couverte en quelques jours. Si l'on songe que 50 millions comptant suffisaient pour retenir les 500 millions de chaque émission, on concevra que les *billets d'État* restant encore sur la place, et les *récépissés* déjà délivrés, devaient suffire pour accaparer les actions offertes au public. Les créanciers non liquidés, et c'était le plus grand nombre, étaient donc privés de souscriptions, et réduits à se les procurer plus tard sur la place à un prix excessif. Les actions souscrites à 5 mille livres à l'hôtel de Nevers se revendaient dans la rue Quincampoix à 6, 7 et 8 mille livres.

Au besoin d'avoir des placements se joignait l'espérance de voir monter ces actions indéfiniment, et il n'était pas étonnant que l'empressement se changeât en une véritable fureur.

Pour satisfaire aux demandes, il fut ouvert une troisième souscription le 2 octobre, quatre jours après la seconde. Pareille en tout aux deux premières, elle devait faire rentrer un capital de 500 millions, et compléter la somme de 1,500 millions, nécessaire à la compagnie pour rembourser la dette publique.

L'affluence fut la même au trésor, où l'on délivrait les *récépissés;* à l'hôtel de Nevers, où l'on recevait les demandes de souscriptions. On conçoit le motif de cet empressement, puisqu'on avait pour 5 mille livres à l'hôtel de Nevers ce qui valait 7 et 8 mille livres à la rue Quincampoix. Cette nouvelle émission au prix de 5 mille livres fit tomber les cours à la rue Quincampoix ; on les vit un moment au-dessous de 5 mille livres, on les vit même à 4, tant les mouvements étaient aveugles et pour ainsi dire convulsifs dans cette fièvre des esprits. Il n'y avait aucune raison, en effet, de donner à 4 mille livres ce qu'ailleurs on allait prendre à 5. Mais ce phénomène fut de quelques heures ; les cours remontèrent bien vite, et, la souscription couverte, les actions se retrouvèrent à la rue Quincampoix au cours de 7 et 8 mille livres. Remarquons, en passant, que les fins agioteurs avaient déjà eu deux occasions de faire des bénéfices considérables. Ayant acquis les *billets d'État* à vil prix, ils s'étaient procuré les souscriptions au taux le plus modique, entre 500 et 1,000 livres ; ensuite ils les avaient cédées à 7 et 8 mille livres, et le 2 octobre, jour de la baisse, ils avaient pu les racheter à 4 mille, pour les revendre encore à 7 ou 8 mille le lendemain. On conçoit ce qu'ils avaient dû gagner dans ces diverses circonstances.

Ce n'étaient plus quelques groupes épars que l'on remarquait dans la rue Quincampoix ; c'était une foule compacte, occupée à spéculer du matin jusqu'au soir. Les souscriptions avaient été divisées en *coupons*, transmissibles comme des billets au porteur, avec la simple formalité de l'endossement. Dans le courant d'octobre, les actions avaient déjà dépassé 10 mille livres, et on ne savait où elles s'arrêteraient.

Il ne faut pas beaucoup d'explications pour faire comprendre la faute commise par Law dans l'exécution de son projet. Rien n'était plus admissible, ni plus praticable que la translation de tout le capital de la dette publique d'un placement sur l'autre. L'État pouvait, en effet, y trouver une économie, et ses créanciers pouvaient n'y rien perdre ; mais il fallait de grandes précautions pour que cette translation s'opérât sans confusion et sans désordre. Malheureusement il n'en fut pris aucune, et on est confondu d'étonnement quand on voit de quelle manière Law avait conduit cette opération importante. Il avait annoncé d'abord le remboursement de la dette publique par la compagnie des Indes ; il avait laissé monter les actions à 3, 4 et 5 mille livres, de manière que les porteurs des premières actions gagnaient jusqu'à dix capitaux pour un, et qu'ils avaient eu pour 500 et 1,000 livres ce que les créanciers de l'État allaient payer 5 mille. Il s'était enfin décidé à ouvrir les souscriptions nouvelles. Il les avait ouvertes avant que tous les créanciers eussent leurs *récépissés*, c'est-à-dire que leurs fonds fussent disponibles. Il avait ensuite accordé des termes, de manière que les plus pressés pouvaient prendre la place des autres, et que 150 millions suffisaient pour s'emparer du placement de 1,500. Enfin, Law avait ouvert les souscriptions en trois fois, comme s'il avait voulu exciter l'ardeur en ne la satisfaisant que peu à peu. Avec une pareille manière de faire, il était naturel qu'on se jetât sur les souscriptions, et que le mouvement, qui aurait pu être paisible, se changeât en précipitation furieuse.

Les précautions qu'il était nécessaire de prendre se présentent à l'esprit de tout le monde. Il fallait d'abord ne pas laisser monter les actions à 5 mille livres, car c'était permettre aux porteurs des premières actions de réaliser un profit injuste aux dépens des créanciers de l'État. Il fallait ensuite n'ouvrir les souscriptions que lorsque les *récépissés* seraient entièrement délivrés, afin qu'aucun des créanciers de l'État ne fût exposé à rester en arrière. Il fallait, en outre, déclarer dès le premier jour que les *récépissés* et les *billets d'État* seraient seuls reçus en payement des souscriptions, de manière que des spéculateurs étrangers à la dette publique ne pussent prendre la place des créanciers de l'État, à moins que ceux-ci ne la cédassent volontairement en vendant leurs titres. Il fallait enfin, pour que les créanciers ne vinssent pas usurper la place les uns des autres, ne point accorder des termes de payement, ce qui aurait empêché que 150 millions de la dette ne prissent la place de 1,500 millions.

Rien de tout cela ne fut fait, comme on vient de le voir. On avait, disait-on, accordé des termes de payement, parce que les créanciers n'étaient liquidés que successivement. Cette mesure aurait pu être bonne si chaque créancier, obligé de payer par dixième, eût été liquidé par dixième. Mais celui qui était liquidé l'était pour la totalité de sa créance, et celui qui attendait n'avait rien du tout, et ne pouvait pas souscrire. D'ailleurs, les *billets d'État*, tous disponibles, car ils étaient sur la place, et pouvaient être tous achetés en un instant, avaient sur les *récépissés* un avantage immense, et qui donna lieu, comme on l'a vu, à des combinaisons frauduleuses. On allégua aussi pour excuse que l'obligation de faire tous les payements en *récépissés* ou en *billets d'État* devait tôt ou tard amener les actions dans les mains des créanciers, puisque les souscripteurs seraient forcés ou d'acheter les *récépissés* aux créanciers à un prix proportionné à celui des actions, ou de leur abandonner les actions à un prix réduit, n'ayant pas la monnaie obligée pour les payer. L'excuse serait valable si cette prescription eût été adoptée dès le premier jour; mais, lorsqu'on y songea, un mouvement désordonné s'était déjà produit dans les valeurs, et il n'y avait plus aucun moyen, ni d'arrêter, ni même de modérer ce mouvement.

Aucune des précautions nécessaires ne fut donc observée. Law, préoccupé des obstacles qu'il avait eu à vaincre pour faire réussir son plan, n'avait songé qu'à émerveiller les esprits par un succès prodigieux, et avait tout fait pour exciter les souscripteurs, au lieu de tout faire pour les contenir.

Ce succès dangereux alla toujours en croissant vers la fin d'octobre de cette année 1719, et vers le commencement de novembre. Law, entraîné comme le public, ne négligea rien pour compléter les attributions de la compagnie. Il lui fit adjuger la ferme de tabac, moyennant 100 millions de plus qu'elle prêta au trésor, et qui servirent à rembourser 4 millions de rentes hypothéqués sur cette ferme. La compagnie ne recevant que 3 pour cent d'intérêt, c'est-à-dire 3 millions, il y avait un million d'économie pour l'État. Elle supplia le régent d'employer ce million à abolir les impôts sur le suif, l'huile, le poisson, etc. : ce qui causa une grande joie au peuple de Paris, et augmenta singulièrement la faveur dont jouissait le *système*.

Ce n'étaient pas seulement les spéculateurs ordinaires et les créanciers de l'État qu'on voyait dans la rue Quincampoix ; c'étaient toutes les classes de la société confondues ensemble, et se repaissant des mêmes illusions. On y voyait des nobles illustrés sur les champs de bataille, ou honorés dans la magistrature, des gens d'église, des commerçants, des bourgeois paisibles, des domestiques enfin que des fortunes rapides avaient remplis de l'espérance d'égaler leurs maîtres. Toutes les maisons de la rue Quincampoix avaient été transformées en bureaux par les marchands de papier; les locataires avaient cédé leurs appartements, les marchands leurs boutiques. Des maisons de 7 ou 8 cents livres de location avaient été divisées en une trentaine de bureaux, et pouvaient rapporter 50 ou 60 mille livres. L'agiotage s'exerçait sur les loyers comme sur les papiers. Un savetier qui avait converti son échoppe en bureau, en y plaçant des tabourets, une table et une écritoire, gagnait 200 livres par jour. Les boutiques avaient été changées en cafés et en restaurants; une partie des habitants de Paris avaient transporté leur vie dans ce quartier : ils y venaient dès le matin, ils y déjeunaient, ils y dînaient, et lorsque l'ardeur des négociations était calmée, ils passaient l'après-midi à jouer aux quadrilles. De nombreux équipages attendant leurs maîtres obstruaient les deux rues Saint-Denis et Saint-Martin, latérales à la rue Quincampoix.

Aux habitants de Paris s'étaient joints beaucoup de provinciaux et d'étrangers. On y comptait surtout des Gascons, des Provençaux, des Dauphinois, des Génois, des Vénitiens, des Genevois, des juifs allemands, des Hollandais, des Flamands et des Anglais. Beaucoup de gens n'osant pas jouer, par timidité ou par défaut de savoir, faisaient jouer pour leur compte les intrépides agioteurs formés sous le dernier règne. Ces agioteurs s'étaient organisés en véritables bandes d'escrocs. Ils spéculaient sur la hausse continue, mais plus souvent sur les variations qu'ils avaient l'art de produire. Ils se rangeaient à la file dans la rue Quincampoix, prêts à agir au premier signal. A peine une sonnette, placée dans le bureau d'un nommé Papillon, s'était-elle fait entendre, qu'ils offraient tous à la fois des actions, vendaient et occasionnaient la baisse. A un signal contraire, ils rachetaient au prix le plus bas ce qu'ils avaient vendu au prix le plus haut, de manière qu'ils déterminaient un retour : de la sorte ils vendaient toujours cher et rachetaient toujours à bon marché. Les variations étaient si rapides et si importantes, que des agioteurs recevant des actions pour aller les vendre, en les gardant un jour seulement, avaient le temps de faire des profits considérables. On en cite un qui, chargé d'aller vendre des actions, fut deux jours sans reparaître. On crut les actions volées : point du tout, il en rendit fidèlement la valeur, mais il s'était ménagé le temps de gagner un million pour lui. Cette faculté qu'avaient les capitaux de produire des bénéfices si prompts avait amené un trafic particulier. On prêtait des fonds à l'heure, et on exigeait un intérêt dont il n'y a pas d'exemple. Les agioteurs trouvaient non-seulement à payer l'intérêt exigé, mais encore à recueillir un notable profit pour eux-mêmes. On pouvait gagner jusqu'à un million par jour. Il n'est donc pas étonnant que des valets devinssent tout à coup aussi riches que des seigneurs. On en citait un qui, rencontrant son maître par un mauvais temps, avait fait arrêter son carrosse pour lui offrir d'y monter.

On appelait la rue Quincampoix le *Mississipi.* Tous les jours, des artisans laborieux, de paisibles rentiers, se laissaient arracher à leur travail quotidien, ou à leur paisible médiocrité pour s'embarquer sur cette mer orageuse. Leur nombre s'accroissait sans cesse, et, en novembre, on était encore sous le charme des plus folles illusions. A cette époque, les actions étaient cotées à 15 mille livres, c'est-à-dire à trente capitaux pour un. Personne ne se demandait quel était le fondement d'une richesse aussi énorme; personne ne se disait que le papier n'a de valeur qu'autant qu'il représente des réalités, et que les actions ne représentaient véritablement que les valeurs suivantes :

LIVRES.		
100,000,000	pour les premières actions émises au nombre de	200,000
27,500,000	pour les secondes.	50,000
50,000,000	pour les troisièmes.	50,000
1,500,000,000	pour les dernières.	300,000
LIVRES.		
1,677,500,000	pour les quatre émissions formant un total de. . .	600,000

Tandis que les 600 mille actions représentaient véritablement la somme de un milliard 677 millions 500 mille livres, elles étaient parvenues, au prix de 15 mille livres, à représenter une somme de 9 milliards. Le commerce de toutes les Indes avait-il déjà produit assez de bénéfices pour autoriser une pareille élévation de capital, et pour en servir un intérêt proportionné? Avait-il, par exemple, produit 450 millions dans l'année, pour procurer au moins 5 pour cent à ce capital soudainement créé?

Personne ne s'interrogeait à cet égard. On semblait croire avec Law que toute richesse est dans le numéraire, que le papier peut parvenir à le remplacer, et on se croyait riche de toute la valeur actuelle des actions. Aussi avait-on pour Law une véritable idolâtrie. La noblesse remplissait ses antichambres. Un de ses anciens amis, introduit auprès de lui, le vit faire de longs calculs, déjeuner ensuite, puis jouer au pharaon, tandis qu'une foule de grands seigneurs l'attendaient patiemment. Law n'y mettait aucune insolence; mais il n'aurait pas pu vaquer aux soins les plus indispensables de la vie, s'il avait voulu se prêter à l'empressement général. Une dame fit verser sa voiture sous ses fenêtres pour l'obliger à se montrer. Law était resté fort modeste; mais sa femme, moins spirituelle que lui, ne savait pas cacher son orgueil de parvenue, et manifestait insolemment l'ennui qui lui causaient les assiduités de ses adulateurs. Le fils de Law fut admis à danser avec le roi, dont il avait l'âge ; sa fille, qui comptait à peine huit ans, donna un bal chez elle. La noblesse la plus brillante brigua l'honneur d'ère invitée à cette fête, donnée par un enfant. Le nonce du pape y parut des premiers, saisit dans ses bras la jeune maîtresse de la maison, et l'accabla de caresses. Des ducs et des princes demandaient à être fiancés à cette fille qui sortait à peine de l'enfance.

Le régent, séduit comme tout le monde, enleva les finances à M. d'Argenson, pour les donner à Law. Celui-ci étant protestant, l'abbé de Tencin fut chargé de sa conversion. Les gouvernements voisins ne purent se défendre d'une certaine inquiétude en voyant la puissance financière qui semblait s'élever en France. L'Angleterre crut devoir ménager Law, qui avait conservé un vif ressentiment contre sa patrie. Le fougueux Stair, l'ambassadeur anglais, ayant déplu à Law, fut rappelé. De pareils faits peuvent donner une idée de l'influence que l'auteur du *système* avait acquise en France et en Europe. Il paraît que, malgré la supériorité de son esprit, il partageait lui-même l'ivresse générale. Il achetait ostensiblement des terres en France; il ne prenait aucune précaution pour s'assurer une fortune à l'étranger, et rien n'annonçait qu'il eût prévu sa triste et prochaine destinée.

Tandis que les actions de la compagnie s'élevaient si haut, les billets de la banque n'avaient pas moins de succès. La banque existait toujours à part de la compagnie. La commodité qu'offraient ses billets pour les rapides négociations de la rue Quincampoix les avait fait rechercher avec un extrême empressement. On venait déposer des quantités considérables d'or et d'argent pour s'en procurer, et ils avaient même fini par gagner 10 pour cent sur le numéraire. La banque avait été obligée d'en émettre jusqu'à 640 millions à la fois. Cependant ils n'étaient pas aussi répandus dans les provinces qu'à Paris, parce qu'ils n'y étaient pas rendus nécessaires par l'agiotage sur les actions. Law voulut suppléer à cette cause de succès qui leur manquait en province, par un édit du 1er décembre 1719. En vertu de cet édit, la conversion des matières d'or et d'argent contre des billets, interdite à Paris, n'était plus autorisée que dans les provinces. En outre, l'impôt devait être perçu en billets, et tous les créanciers avaient le droit d'exiger leur payement sous cette forme. On comprend le but d'un pareil édit. L'émission des billets étant arrêtée à Paris, où déjà elle devenait excessive, leur source était en quelque sorte transportée en province; de plus, l'obligation de solder l'impôt en billets, et la faculté accordée aux créanciers d'exiger aussi leurs payements en cette monnaie, devaient contribuer à la répandre jusqu'aux extrémités les plus reculées du pays. On ne donnait pas, il est vrai, cours forcé de monnaie aux billets, car il aurait fallu obliger tout le monde à les recevoir ; mais, comme ils gagnaient sur l'argent, autoriser tout le monde à en exiger, c'était obliger tout le monde à en avoir. Ainsi Law se jetait déjà dans les mesures forcées, pour étendre dans les provinces le succès que la banque obtenait à Paris.

Le mois de décembre fut l'époque du plus grand engouement. Les actions avaient fini par monter jusqu'à 18 et 20 mille livres, c'est-à-dire à trente-six et quarante capitaux pour un. Tout avait été régularisé dans la rue Quincampoix. Des gardes avaient été placés aux deux bouts de cette rue ; une commission avait été nommée pour juger sommairement les contestations. L'affluence des spéculateurs était sans cesse croissante. On accourait de toute part au rendez-vous général de la fortune. Les créanciers y apportaient les sommes qu'ils avaient reçues de leurs débiteurs; les propriétaires y apportaient la valeur de leurs terres, et de grandes dames celle de leurs diamants. Les *mississipiens* commençaient à se livrer aux plaisirs et aux désordres qui acccompagnent les fortunes subitement acquises. Le régent dégagé de soucis, la noblesse se croyant riche, les agioteurs possesseurs de quantités immenses de papier, s'abandonnaient à toutes les débauches. Les magasins de la rue Saint-Honoré, remplis ordinairement des plus belles étoffes, étaient épuisés; le drap d'or était devenu extrêmement rare; on le voyait dans les rues porté par des gens de toute sorte. Un nombre inouï d'équipages parcouraient la capitale; les rues Saint-Denis et Saint-Martin, contiguës à la rue Quincampoix, étaient tellement embarrassées par les voitures des *mississipiens* enrichis, que les marchands s'adressèrent au régent pour se plaindre des obstacles apportés à leur commerce.

Une situation aussi étrange ne pouvait se prolonger. Avant que Law eût complété son système, avant qu'il eût ajouté à la compagnie des Indes les dernières attributions qu'il lui destinait, et qu'il l'eût réunie à la banque, les actions devaient subir une effroyable chute. Au taux où elles étaient parvenues, les 600 mille représentaient un capital de 10 à 12 milliards. Le seul moyen de soutenir cette fiction insensée eût été de donner un intérêt proportionné aux actionnaires, et il eût fallu 4 ou 500 millions de revenu, pour leur assurer seulement 4 pour cent. Or, voici l'état du revenu de la compagnie pendant cette première année :

A prendre sur les fermes pour l'intérêt des 1,600 millions de la dette publique.	48,000,000 l.
Bénéfice sur le bail des fermes.	15,000,000
A reporter. .	63,000,000 l.

Report. . .	63,000,000 l.
Bénéfice sur les recettes générales.	1,500,000
Bénéfice sur le tabac.	2,000,000
Bénéfice sur les monnaies. .	4,000,000
Profits sur le commerce. . .	10,000,000
Total.	80,500,000 l.

Ce revenu permettait d'accorder tout au plus 5 pour cent au capital réel, qui était, avons-nous dit, d'un milliard 677 millions. Comment était-il donc possible de fournir un revenu même modique au capital de 10 milliards, et de lui procurer ainsi quelque réalité?

Cette exagération de prix devait finir au moment où la fiction serait mise en présence de la réalité, et ce moment était celui où les riches actionnaires songeraient à réaliser leur fortune, soit pour l'assurer, soit pour en jouir. La fin de décembre 1719 fut le terme de cette funeste illusion de trois mois. Un certain nombre d'agioteurs plus avisés que les autres, ou plus pressés d'entrer en jouissance de leurs richesses, s'entendirent pour se défaire de leurs actions. Ils profitèrent de l'aveuglement qui portait une foule de gens à vendre leurs propriétés, ils les achetèrent, et ils donnèrent ainsi l'imaginaire pour le réel. On les vit s'établir dans de beaux hôtels, de superbes terres, et étaler des fortunes de 30 et 40 millions. Ils s'emparèrent aussi des pierreries, de l'or et de l'argent que l'on offrait toujours avec empressement, et se nantirent des valeurs les plus solides en échange des valeurs mensongères qu'ils étaient parvenus à faire accepter à la foule des dupes. Le premier résultat de cet empressement à réaliser fut un renchérissement général de toutes choses. Une masse énorme de papier entrant en balance avec une même quantité de marchandises ou de propriétés, plus le papier s'offrait contre tous les objets achetables, plus le renchérissement devenait rapide. Le drap, qui se payait auparavant 15 à 18 livres l'aune, fut porté au prix de 125 livres. Chez un rôtisseur, un *mississipien*, enchérissant sur un grand seigneur pour avoir une gelinotte, la paya 200 livres.

Dès cet instant les actions subirent une première baisse, et une inquiétude sourde ne tarda pas à se répandre. On ne mesurait pas toute la hauteur de la chute dont on était menacé; mais en s'étonnait, on doutait, on commençait à s'effrayer. Les actions descendirent à 15 mille livres. Cependant, si on se méfiait déjà des actions, on ne se méfiait pas encore des billets. La banque, en effet, était séparée de la compagnie, et jusqu'ici leur destinée ne paraissait pas devoir être commune. Les billets n'avaient pas subi une hausse factice et extraordinaire; ils avaient été émis en quantité considérable sans doute, mais contre de l'or et de l'argent, et sur dépôt d'actions. La partie émise sur dépôt d'actions partageait bien, il est vrai, le péril des actions elles-mêmes; mais on n'y songeait pas, et les billets jouissaient encore d'une pleine confiance. Seulement, ils n'avaient plus la même supériorité sur le numéraire, depuis que ce dernier était si recherché par les *réaliseurs*. On portait déjà les billets à la banque pour retirer les valeurs métalliques, et la vaste réserve qu'elle avait possédée commençait à diminuer sensiblement.

Law fit alors ce que font en général les gouvernements dans les mêmes circonstances, et ce qui leur réussit si mal : il eut recours aux moyens forcés. Il déclara d'abord par édit que les billets de banque vaudraient toujours 5 pour cent de plus que les espèces métalliques. Moyennant cette plus-value, la prohibition qui défendait à Paris les dépôts d'or et d'argent contre des billets fut levée; et on put aller à la banque donner du numéraire pour se procurer des billets. La permission n'était plus que ridicule, car personne n'était disposé à échanger de l'argent contre du papier, même au pair. Mais ce n'est pas tout : l'édit portait qu'à l'avenir les espèces d'argent ne pourraient plus figurer que dans les payements au-dessous de 100 livres, et celles d'or dans les payements au-dessous de 300 livres. C'était forcer le cours des billets dans les grands payements, celui du numéraire dans les petits, et c'était vouloir amener par la violence un résultat qu'il ne faut attendre que du succès naturel d'une banque.

Ces moyens ne firent point apporter de l'or et de l'argent à la banque. La nécessité de se servir des billets dans les payements au-dessus de 300 livres leur procurait bien un certain emploi forcé, mais ne leur procurait pas la confiance. On employait les billets dans les payements importants, mais secrètement on accaparait l'or et l'argent, comme une valeur bien plus réelle et bien plus rassurante. Les créanciers de l'État cessaient de porter leurs *récépissés* à la rue Quincampoix, parce qu'ils doutaient déjà des actions; ils ne pouvaient pas se décider à acheter les immeubles, parce que le prix en était quadruplé; ils étaient donc en proie à la plus pénible anxiété, et à leur tour ils mettaient dans l'embarras les porteurs d'actions, qui auraient eu besoin des *récépissés* pour payer leurs dixièmes. Le moment de la catastrophe approchait donc, et il n'était rien désormais qui pût la prévenir, à moins que par un coup de baguette magique on ne procurât un bénéfice de 4 à 500 millions par an à la compagnie, laquelle, ainsi qu'on l'a vu, pouvait à peine en espérer un de 70 ou 80.

Law, converti par l'abbé de Tencin, avait abjuré la religion protestante, et avait été nommé contrôleur général des finances. Il voulut ranimer lui même les courages, et, dans les premiers jours de janvier 1720, il se montra dans la rue Quincampoix en grand costume de ministre, et entouré d'un nombreux cortége de seigneurs. Sa présence inspira un reste d'enthousiasme, et réveilla pour un moment toutes les espérances. Ses agents répandirent que de nouveaux édits allaient être rendus en faveur de la compagnie, que les avantages des actions allaient être augmentés, qu'elles devaient remonter incessamment, et que la baisse n'aurait été qu'un accident passager.

Law ajouta, en effet, de nouvelles attributions à celles dont la compagnie était déjà pourvue. Il fit rembourser les charges des receveurs, et lui donna les recettes générales, de manière à lui abandonner l'administration entière du revenu public. Il lui réserva le bénéfice de l'affinage de l'or et de l'argent, et il ordonna la refonte de certaines pièces de monnaie pour lui ménager l'occasion d'un nouveau profit. Il fit annoncer que des capitaux considérables allaient être consacrés par la compagnie à étendre la pêche et à élever des manufactures. Il accorda aux souscripteurs des termes plus éloignés pour le payement de leurs dixièmes d'actions ; ce qui rassura un grand nombre d'entre eux pressés par les échéances. Il fit publier enfin, par les directeurs de la compagnie, qu'elle était en mesure de fournir un dividende de 40 pour cent sur le capital nominal de 300 millions, ce qui représentait un intérêt de 6 à 7 pour cent sur le capital réel de 1,677 millions, et ce qui supposait un revenu de 120 millions par an. Mais, d'après ce qu'on a vu, il y avait imposture dans cette promesse, car le revenu ne pouvait guère dépasser 80 millions. Enfin, comme les créanciers de l'État avaient cessé de demander leurs remboursements, et se plaignaient de trouver les actions chancelantes et le prix des immeubles quadruplé, Law rendit un édit par lequel tous ceux qui ne se présenteraient pas pour recevoir le capital de leurs rentes, en subiraient la réduction à 2 pour cent. A ces moyens de rigueur envers les créanciers, il joignit les moyens de persuasion. Il publia un écrit sous le titre de *Lettre à un Créancier*, dans lequel il justifiait son projet de remboursement. Il démontrait que le système des rentes perpétuelles était ruineux pour l'État, et qu'on avait bien fait de les abolir ; en outre, il reprochait aux rentiers de ne pas avoir souscrit à temps, et de n'avoir pas pris part aux profits de la hausse, faute, si c'en était une, imputable à lui bien plus qu'à eux, puisqu'il était l'auteur des mauvaises dispositions qui avaient empêché les créanciers de l'État de devenir directement les actionnaires de la compagnie.

Ces diverses mesures produisirent une amélioration passagère dans les cours. Les actions, tombées à 12 mille livres, remontèrent à 15, et on crut pour un instant n'avoir cédé qu'à une terreur panique. D'ailleurs, chaque baisse est ordinairement suivie, dans les folies de l'agiotage, d'une réaction, parce que la diminution des cours amène des acheteurs qui spéculent sur un retour de hausse. Les créanciers de l'État se présentèrent pour recevoir leurs remboursements ; mais ils hésitèrent, malgré la dernière lueur d'espérance qu'on avait fait briller à leurs yeux, à porter leurs capitaux à la rue Quincampoix, et ils changèrent leurs *récépissés* contre des billets, ce qui obligea la banque à en émettre jusqu'à la somme d'un milliard. De cette manière la valeur des créances, qui aurait dû rentrer en payement des actions, resta flottante sous forme de billets de banque.

Aussi la hausse ne fut-elle que momentanée. L'empressement à réaliser étant toujours le même, la baisse du papier et le renchérissement de toutes choses continuèrent dans la même proportion. Les actions retombèrent à 12 mille livres.

Les billets commencèrent aussi à perdre sensiblement par rapport au numéraire. Leur situation, comme nous l'avons dit, était autre que celle des actions. Ils représentaient quelques effets de commerce, quelques dépôts d'or et d'argent, et beaucoup de créances sur l'État récemment remboursées. Toutes ces valeurs étaient réelles. Il n'y avait que les billets représentant des actions déposées qui constituassent des valeurs suspectes et entachées de fiction. Mais, quoique ce fût pour eux une cause réelle de discrédit, la cause la plus véritable de la baisse qui les frappait, c'était l'empressement à réaliser. On voyait les marchands accepter les billets en payement, mais pour aller les porter à la banque. Ces marchands ne s'en tenaient pas à réaliser à Paris tout ce qu'ils pouvaient, ils envoyaient des masses de billets hors de Paris, pour les convertir contre le numéraire encore assez abondant dans les caisses des provinces.

Law, à bout de ressources, persévéra dans l'emploi des moyens forcés. Afin d'apporter quelque obstacle à l'ardeur qu'on mettait à se défaire du papier contre les marchandises précieuses, il fit défendre par édit de porter des diamants, des perles et des pierreries. Pour empêcher les réalisations que les marchands de Paris effectuaient dans les provinces, il prohiba les transports d'espèces d'une ville à l'autre, partout où existaient des bureaux de la banque. Jusqu'alors, il s'était borné à décider que tout créancier pourrait exiger des billets en payement, et plus tard il avait prescrit que les payements au-dessus de 300 livres s'opérassent exclusivement en billets; mais le numéraire restait pour les besoins journaliers. Il trancha enfin la difficulté, et, par édit du 28 janvier, il attribua cours forcé de monnaie aux billets. Enfin, pour donner du mouvement aux espèces, et les ramener vers la banque, Law eut recours à une nouvelle variation dans les monnaies. Passé trois jours, elles devaient être réduites, celles d'or, de 900 livres le marc à 810, et celles d'argent, de 60 à 54. La confiscation était décrétée contre les vieilles espèces dont la refonte avait été ordonnée, et qu'on différerait d'apporter à la Monnaie. Les visites domiciliaires étaient même autorisées pour rechercher les contraventions.

Ces odieux moyens n'empêchèrent pas la baisse continue des actions et le discrédit moins rapide mais progressif des billets. Les actions tombèrent à 10 mille livres. On assistait en ce moment à une scène désolante. Les créanciers de l'État remboursés, ayant les mains pleines de billets, n'osant acheter des actions, ne pouvant acheter des immeubles, tremblaient en voyant la catastrophe qui menaçait tout le papier. Les spéculateurs tardifs qui étaient venus, vers la fin de la hausse, apporter à la rue Quincampoix le montant de leurs créances ou de leurs propriétés, et qui avaient donné des valeurs réelles pour des valeurs fictives, étaient en proie au désespoir. Quant aux enrichis, ils cherchaient des jouissances violentes, excessives, comme il en faut à l'âme du joueur. Ils déployaient, dans leurs hôtels nouvellement acquis, le luxe barbare et gigantesque qui avait signalé l'âge de la corruption romaine. Des meubles d'or et d'argent, des pierreries éblouissantes, des parfums, des fontaines d'eaux odorantes, des fruits des deux mondes, des poissons monstrueux, des automates merveilleux, des courtisanes demi-nues, telles étaient les choses que certains d'entre eux se plaisaient à étaler dans leurs fêtes. Ceux qui, plus réservés, évitaient ces désordres, commettaient une fraude funeste à la France : ils faisaient passer notre numéraire à l'étranger, pour s'y assurer des fortunes certaines et inattaquables. Les mœurs du peuple reçurent de ces événements une profonde atteinte. Cette faculté donnée à toutes les classes, de s'enrichir sans le moyen du travail qui rend l'homme digne de la fortune et modéré dans la manière d'en jouir, excita chez la multitude une ambition excessive, un goût effréné du luxe, et fit surgir de toute part une foule de parvenus, étrangers aux plaisirs délicats, et livrés à des jouissances grossières et brutales.

Dans une pareille situation, il fallait prendre un parti. Il était évident que la baisse des actions allait continuer sans relâche, que bientôt, la terreur s'emparant de toutes les âmes, le discrédit serait exagéré comme le crédit, et que les actions tomberaient passagèrement même au-dessous de leur valeur réelle. Il fallait s'y résigner, et subir les conséquences de la faute qu'on avait commise dans la conversion de la dette publique. Il fallait laisser tomber les actions, dont on n'avait pas su prévenir la hausse désordonnée, mais se hâter de sauver un établissement vaste, utile, et, pour le moment, devenu sacré, celui de la banque. Les billets, en effet, avaient, à être sauvés, un bien autre titre que les actions. Les spéculateurs sur les actions avaient sans doute été abusés; parmi eux, beaucoup de créanciers de l'État étaient victimes de déplorables illusions; toutefois ils avaient voulu spéculer, et avaient couru librement les chances de la fortune. Les porteurs du papier de la banque, au contraire, l'avaient reçu forcément, en vertu des édits qui prescrivaient le remboursement de la dette publique, qui rendaient les billets obligatoires dans les payements au-dessus de 300 livres, qui donnaient enfin aux billets cours forcé de monnaie. Ces billets étaient une valeur que les porteurs avaient prise sans choix, sans chance de fortune, par force, pour obéir à la loi. Sous peine de commettre à leur égard un véritable vol, la loi devait leur garantir cette valeur.

Il fallait donc sacrifier les actions afin de sauver les billets. On avait un moyen fort simple d'y parvenir, c'était de séparer le sort des billets de celui des actions. Il y avait pour un milliard de billets en circulation. Une partie de cette somme avait été émise pour l'escompte des lettres de change, une autre pour rembourser les créanciers de l'État. Ces deux sommes constituaient des valeurs réelles, puisqu'elles représentaient des effets de commerce d'une réalisation prochaine, et une portion de la dette publique. Mais 450 millions de billets avaient été émis sur dépôts d'actions. Ceux-là manquaient de base. On devait sur-le-champ les faire rentrer en révoquant les prêts, et détacher ainsi les billets des actions. Celles-ci seraient tombées aussitôt de toute leur hauteur. Il fallait s'enfermer dans un calme imperturbable, essuyer beaucoup de reproches justes, en braver d'injustes, et expier par une défaveur extrême une faveur exagérée. Les actions seraient remontées ensuite, mais au niveau seulement où le revenu certain de la compagnie devait les porter. Elle avait 80 millions cette année à leur répartir ; elle en pouvait avoir 100 l'année suivante. Un dividende de 5 pour cent devait paraître suffisant dans la situation des choses et pouvait maintenir la totalité des actions à un capital de 2 milliards, ce qui supposait un cours d'environ 3 mille livres. A ce prix, on serait revenu peu à peu aux actions, et les créanciers de l'État, porteurs de sommes considérables en billets, les auraient employées tôt ou tard au payement des *dixièmes*. La compagnie aurait été sauvée avec la banque, et tout le *système* lui-même aurait traversé cette catastrope.

Mais que de courage il aurait fallu pour braver les cris de cette partie des créanciers de l'État qu'on avait entraînés à leur insu dans une carrière funeste, de cette noblesse qu'on avait nourrie d'espérances folles; qui, en possédant des actions, croyait avoir les mains remplies d'or; qui entourait Law d'hommages, le regardait comme un bienfaiteur, et l'appelait un grand homme! Comment oser tromper ses espérances, renoncer à ses adorations, et essuyer ses mépris et ses fureurs?

Law conçut un projet violent et criminel, qui avait le défaut de tous ceux qu'on cherche à opposer à la nécessité, et qui risquait de tout perdre pour ne pas vouloir sacrifier quelque chose. Il résolut de soutenir le billet par des moyens forcés, et d'attacher l'action au billet, au risque de ruiner les deux à la fois. Voici son plan détaillé.

On a déjà vu ce qu'il avait fait pour rendre obligatoire l'emploi du billet, et maintenir ainsi sa valeur. Le billet avait cours forcé de monnaie; il pouvait seul être employé dans les payements au-dessus de 300 livres, et dans le transport des valeurs de province à province. A ces dispositions Law en ajouta de plus violentes encore, par les édits des 23 et 25 février 1720. Le billet fut rendu obligatoire dans un plus grand nombre de payements. Il dut être employé exclusivement dans tout payement au-dessus de 100 livres. Cependant, étendre l'emploi du billet n'empêchait pas le numéraire de se cacher et de s'enfouir. Law défendit à chaque particulier de garder plus de 500 livres d'espèces à la fois, sous peine de confiscation et de 10 mille livres d'amende. La dénonciation fut autorisée, et le délateur dut recevoir la moitié de la somme confisquée, ce qui introduisit sur-le-champ la méfiance et le trouble dans les familles. Mais empêcher l'enfouissement du numéraire n'était pas lui interdire toute autre issue que les caisses de la banque. Il restait la conversion en meubles d'or et d'argent. Law limita cette fabrication par une suite d'articles qu'il faudrait lire, pour se figurer les embarras dans lesquels on s'engage en adoptant les moyens forcés. Aucun ouvrage d'or ne pouvait peser plus d'une once. Il était permis de fabriquer encore de la vaisselle d'argent ; mais les plus grands plats ne pouvaient peser plus de 10 marcs. la douzaine d'assiettes plus de 30 marcs, les sucriers plus de 3, les flambeaux plus de 4, etc. Il n'était plus permis de fabriquer en or, en argent, des balustres, tables, guéridons, miroirs, brasiers, chenets, grilles, garnitures de feu, chandeliers à branches, girandoles, bras, plaques, cassolettes, paniers, caisses d'orangers, pots à fleurs, etc., etc... Après avoir empêché l'enfouissement ou la fonte des métaux précieux, afin de les obliger à venir à la banque, Law eut recours à un autre procédé plus condamnable encore, celui de la variation des monnaies. Par les mêmes édits, il éleva le marc d'argent de 60 à 80 livres, avec la pensée de le ramener bientôt à 60. Au moment de la réduction, les possesseurs du numéraire devaient inévitablement le porter à la banque pour qu'il ne baissât pas dans leurs mains ; mais dans ce cas, c'était la banque qui supportait la baisse, et on n'attirait le numéraire à elle qu'en lui faisant subir des pertes considérables, et en troublant, de plus, toutes les trasactions par cette variation de valeurs. Le marc étant ainsi élevé de 60 à 80, le numéraire de la France était porté de 12 à 1,600 millions.

La banque fut enfin réunie à la compagnie, ce qui était la condition essentielle du plan général de Law, mais ce qui n'aurait dû se faire que lorsque la compagnie aurait échappé à toutes les catastrophes par la réduction des actions à un prix proportionné à leur revenu réel. Après cette réunion, Law rendit l'édit du 5 mars, qui renfermait la disposition capitale à laquelle il voulait arriver. Cet édit portait qu'à l'avenir le prix des actions serait fixé à 9 mille livres. Mais ce n'était rien que d'en fixer ainsi le prix d'une façon arbitraire, il fallait assurer ce prix à ceux qui voudraient les vendre. Aussi le même édit portait qu'un bureau serait ouvert à la banque, pour changer à volonté une action contre 9 mille livres billets, ou 9 mille livres billets contre une action. Par cette mesure, Law croyait ou feignait de croire qu'il avait fixé définitivement le sort des actions. La valeur des billets étant assurée, selon lui, par les édits qu'il avait rendus, celle des actions l'était par leur conversion facultative en billets. Le système tendait ainsi vers l'un de ses perfectionnements, qui était d'offrir à volonté au public, ou un placement avantageux ou une monnaie courante. Enfin, cette combinaison offrait un bénéfice assez ingénieusement calculé. Toute action convertie en billets et déposée à la banque cessait de profiter à celui qui l'avait déposée, et profitait naturellement à la compagnie, qui devait en toucher le produit. De cette manière le dividende des actions déposées augmentait d'autant celui des actions qui étaient restées sous forme de *pla-*

cement, et qui n'avaient pas été converties en monnaie.

Ce projet d'un génie aux abois, luttant contre une catastrophe inévitable, a été attribué aux ministres de la quadruple alliance par les amis de Law, qui ont cherché dans la suite à excuser ses fautes. Ces ministres, disent les apologistes de Law, voulaient ruiner le système, et imaginèrent l'édit du 5 mars. Mais ces apologistes se sont trompés. L'édit appartenait positivement à Law : tout le prouve, et la finesse des combinaisons, et le soin de les adapter au plan primitif, et le désir manifeste de soutenir les actions même aux dépens des billets.

Ce projet désastreux renfermait à la fois les plus grandes erreurs de principe et d'application. D'abord la valeur du billet était loin de se trouver consolidée par les mesures forcées auxquelles on avait eu recours, et, l'eût-elle été, en voulant lui attacher la valeur de l'action, on l'aurait condamnée à périr. Ensuite, c'était une grave erreur que de vouloir fixer le prix de l'action, quand même sa valeur actuelle eût été raisonnable et non exagérée. L'action, représentant le capital d'une entreprise qui pouvait réussir plus ou moins, ou même ne pas réussir du tout, devait être variable comme l'événement, perdre ou gagner en proportion des chances de succès. Il doit en être ainsi de tout placement. Vouloir le rendre plus disponible, en s'efforçant de faciliter l'échance du titre, était une intention approuvable; mais mobiliser un placement jusqu'à le rendre conversible à l'instant même en une quantité fixe de monnaie, c'est le convertir en monnaie même, et l'intérêt est alors un non-sens; car l'intérêt est surtout fait pour payer la non-disponibilité. Il était donc absurde de vouloir rendre le prix de l'action fixe, et, en outre, il était criminel de le vouloir dans les circonstances présentes. Une grande quantité d'actions allaient se changer en billets, et les billets, confondus avec le capital fictif qui s'était créé à la rue Quincampoix, allaient crouler avec lui. Dans l'état des prix, la masse des actions valait encore 5 à 6 milliards, et devait tomber inévitablement à 2 milliards ou 1,500 millions. Le billet allait prendre part à cette banqueroute, et le porteur involontaire du billet était condamné à partager la ruine des *mississipiens*, sans avoir voulu jouer, sans avoir couru aucune chance de fortune. Il était spolié, ruiné par la loi.

Quelques autres dispositions, conséquence nécessaire des précédentes, furent encore renfermées dans le fameux édit du 5 mars 1720. Toutes les sommes prêtées par la banque sur dépôts d'actions durent être retirées, puisque, par la conversion facultative, un nouveau mode de dépôt venait d'être institué. Les sommes prêtées s'élevaient à 425 millions. Beaucoup de souscripteurs n'achevant pas leurs payements, soit parce qu'ils n'en avaient pas les moyens, soit parce que les créanciers n'apportaient plus leurs *récépissés* à la rue Quincampoix, Law leva cette difficulté, en réunissant plusieurs actions dont le payement n'était que commencé, pour former une action entièrement payée. Dans la grande souscription des 1,500 millions, il y avait quatre payements effectués sur dix, c'est-à-dire 2 mille livres versées sur 5 qui étaient dues. Moyennant ces 2 mille livres, et les 3 qu'il devait encore, le souscripteur avait droit à une action de 9 mille livres. Il payait 5 ce qui valait encore 9 aujourd'hui : il gagnait 4 ; sur trois actions, son profit était de 12 mille livres. Voici donc ce qu'on fit pour sauver son profit en réduisant plusieurs actions en une. On échangea trois souscriptions, sur lesquelles quatre payements avaient été effectués, contre deux actions entièrement soldées. Ces trois souscriptions, suivies de quatre versements, supposaient 6 mille livres fournies. Le souscripteur avait donc pour

6 mille livres deux actions de 9 mille, ensemble 18 mille. Il gagnait bien 12 mille livres, tout comme si la confusion n'avait pas eu lieu.

La compagnie, ayant reçu quatre payements sur les dix, avait touché 600 millions, et devait en toucher encore 900, afin de parfaire le total de 1,500, qui était celui de la dette publique. En réduisant d'un tiers les 300 mille actions qu'elle avait primitivement résolu d'émettre pour se procurer les 1,500 millions, elle en laissait 200 mille dans la circulation, et en gardait par devers elle 100 mille, qui, au cours actuel de 9 mille livres, représentaient bien les 900 millions restant à percevoir. De cette manière, toutes les actions émises sur la place se trouvaient payées; il y avait seulement de nouvelles actions à vendre. Le changement qui résultait de ce règlement de compte avec les souscripteurs, c'est qu'une partie des actions restait à la compagnie, tandis que, d'après les premières conditions, les souscripteurs auraient été contraints de les prendre toutes après les avoir souscrites. Du reste, ces premières conditions étaient devenues illusoires depuis que, par l'institution du bureau de vente et d'achat, chacun était libre de reporter ses actions à la compagnie.

Outre les 100 mille actions que la compagnie consentait à garder dans ses mains, et qui représentaient les payements non effectués, elle se chargeait de 100 mille autres appartenant au trésor royal, lequel s'était rendu souscripteur, en prenant bénévolement pour son compte les actions d'une foule de grandes familles favorisées par le régent. La compagnie consentait à les payer 9 mille livres, c'est-à-dire 900 millions; mais elle ne devait les payer qu'en trois ans, ce qui était une précaution indispensable, car autrement elle aurait été forcée d'émettre 900 millions de billets de plus, et la circulation, déjà si chargée, l'aurait été au delà de toute mesure.

Enfin, comme les créanciers forcément remboursés ne voulaient pas prendre des actions auxquelles ils ne croyaient plus, et ne pouvaient acheter des immeubles à cause de l'élévation excessive de leur prix, il fut permis à la compagnie de revenir au système des rentes, et d'en créer jusqu'à 10 millions à l'intérêt de 2 1/2 pour cent. C'était un placement pour les rentiers qui ne savaient plus comment employer leurs billets, et un moyen pour la compagnie d'en faire rentrer 400 millions.

Tel fut l'ensemble des mesures imaginées par Law afin de retarder une catastrophe qu'il n'était plus possible d'empêcher. A peine le bureau de vente et achat fut-il ouvert, qu'on s'y précipita en foule. Sur le milliard de billets émis, il en était rentré 425 millions par la révocation des prêts sur dépôt d'actions. Ces 425 millions à peine rentrés à la banque en sortirent de nouveau, pour payer les actions qui lui furent présentées. Elle fut même obligée d'en émettre encore un milliard pour satisfaire à toutes les demandes, ce qui porta la somme totale des billets circulants à 2 milliards. Dès cet instant, l'avilissement du papier et le renchérissement de toutes choses furent plus rapides que jamais. Jusqu'ici en effet les actions ne pouvant se changer en billets que par les ventes volontaires qui s'opéraient à la rue Quincampoix, toute leur valeur n'avait pu se *monnayer* que peu à peu, et n'était entrée que lentement en balance avec les marchandises, avec les immeubles, avec les propriétés de tout genre qui étaient susceptibles d'achat. Mais, la faculté de conversion étant accordée, toute la masse des actions pouvait se réaliser à la fois. Il y en eut pour 1,500 ou 1,600 millions de réalisées, comme nous venons de le dire. Aussi la dépréciation fit-elle des progrès effrayants. Ce ne furent plus les actions qui baissèrent puisqu'on pouvait toujours à volonté les convertir contre une somme fixe de billets, mais les billets qui baissèrent pour elles. En février, le papier ne perdait guère qu'un dixième, tandis que les actions avaient fléchi de moitié. Après l'édit du 5 mars, les actions ne baissèrerent plus, mais les billets perdirent 40 ou 50 pour cent. Les actions étaient bien cotées à 9 mille livres; mais 9 mille livres en papier ne valaient plus que 4 à 5 mille livres en espèces.

Quelque violents et vexatoires qu'ils fussent, les moyens destinés à soutenir le papier étaient insuffisants pour lui donner une réalité qu'il n'avait pas. Personne ne voulait s'en servir; il n'y avait que les débiteurs de mauvaise foi qui en fissent usage, pour effectuer leurs payements. Les fermiers acquittaient leurs fermages en papier, ce qui soulageait un grand nombre d'entre eux fort obérés. La noblesse surtout payait toutes ses dettes de cette manière, et débarrassait ses propriétés des hypothèques dont elles étaient chargées. Law réalisait ainsi une partie de ce qu'il lui avait promis, en lui fournissant avec une valeur fictive le moyen de se libérer. Mais, si le papier était bon pour frauder d'anciens créanciers, il ne valait que moitié au plus pour acheter toutes choses. On se servait secrètement du numéraire pour les achats journaliers, et on le cachait avec soin, afin d'être dispensé de l'apporter à la banque. Malgré la défense d'en garder plus de 500 livres, et les encouragements donnés à la dénonciation, beaucoup de gens l'accumulaient secrètement. Il est vrai que c'était au prix des plus grandes angoisses qu'ils osaient résister à la loi. Ils craignaient à chaque instant d'être trahis par leurs domestiques et même par leurs plus proches parents. On vit avec indignation un fils dénaturé dénoncer son père. Le régent rendit contre ce fils un arrêt plein de sagesse, et qui fut approuvé de tout le monde. Mais le système fut plus déconsidéré que jamais. Quelques personnes, effrayées, se décidèrent pourtant à remettre leur argent à la banque, mais ce fut le petit nombre; la plupart l'enfouirent sous terre, et les riches *réaliseurs* usèrent de tous les artifices pour le faire passer à l'étranger. Une nouvelle partie de notre numéraire sortit de France, et, quoique l'exportation des espèces métalliques ne soit pas nécessairement un dommage, c'en était un cette fois, puisque le numéraire sortant ne laissait à sa place qu'un papier mensonger et des capitaux chimériques.

On se rendait encore dans la rue Quincampoix, non plus pour y agioter sur le rapport de l'action au billet, mais sur celui du papier à l'égard des propriétés mobilières et immobilières. Law fit défendre tout attroupement dans cette rue, par la raison que, le prix des actions étant fixé, elles ne pouvaient plus être l'objet d'aucun commerce. La foule n'en persista pas moins à s'y réunir. Alors on lança les archers contre les spéculateurs, et ces nouvelles rigueurs ajoutèrent encore à la haine qu'inspiraient déjà le système et son auteur.

Dans ces circonstances, Law publia une seconde lettre à un créancier de l'État, sur l'ensemble de ses opérations. Elle était datée du 11 mars 1720. Dans l'exposé des principes, il avait raison ; mais il n'employait que de misérables sophismes pour justifier le taux exagéré auquel il avait laissé arriver le papier, et auquel il voulait le maintenir. — Les valeurs, disait-il, sont toutes d'opinion. Pour qu'elles puissent se maintenir, il ne faut qu'une chose : ne pas chercher à les vendre. Les maisons, les terres ont une valeur bien réelle ; cependant, si tout le monde voulait les vendre à la fois, que deviendraient elles ? — Il était facile de répondre à ce pitoyable sophisme. Les maisons et les terres donnent des produits qui permettent d'établir leur revenu véritable, et qui sont le solide fondement de leur valeur. Le revenu supposé des actions, au contraire, était impossible à établir, parce que les profits du commerce ne pouvaient, dans aucun cas, être proportionnés à l'élévation qu'avait reçue le capital. Ce n'est pas tout. Malgré leur revenu incontestable, si les terres et les maisons étaient tout à coup doublées ou triplées en étendue et en nombre, elles se déprécieraient sur-le-champ à proportion. Quand même les actions auraient joui d'un revenu dont elles étaient malheureusement dépourvues, la création instantanée d'une aussi grande masse de placements en aurait amené la dépréciation. Y avait-il, en effet, dans toute la France, 5 à 6 milliards à placer en actions portant intérêt? Rien n'était donc plus faux que les raisonnements de Law. Il ajoutait à ces raisonnements des expressions sévères, méritées, mais inutiles, contre les *réaliseurs*, qui précipitaient la chute du système en vendant leurs actions.

Sa lettre n'apaisa point les imaginations irritées. On l'appela un misérable sophiste, et les riches *mississipiens*, qu'il avait accusés de ruiner le système en *réalisant*, se déchaînèrent contre lui avec une violence qui, de leur part, était une noire ingratitude. Quelques-uns même, voulant témoigner leur mépris pour le papier, allumaient les réchauds qui couvraient leurs tables somptueuses avec des billets de banque. Un événement affreux vint encore augmenter l'épouvante générale. Au milieu de ce délire de cupidité qui s'était emparé de toutes les âmes, de jeunes seigneurs déréglés, à qui l'agiotage n'avait pas réussi, avaient résolu de voler ce qu'ils n'avaient pas su gagner. Ils formèrent, dit-on, le complot d'enlever les portefeuilles, en fondant l'épée à la main sur les spéculateurs réunis dans la rue Quincampoix. Un crime, commis avant l'exécution de ce complot, le rendit heureusement impossible. Un jeune débauché, le comte de Horn, s'associa à deux compagnons ordinaires de ses désordres, et, avec leur secours, s'empara de la personne d'un riche spéculateur. Ils le conduisirent dans un cabaret, sous prétexte d'un marché de papier; là, ils l'assassinèrent, et le dépouillèrent ensuite. Ils parvinrent d'abord à s'évader; mais, poursuivis par les clameurs du peuple, ils furent atteints, et avouèrent leur crime. La noblesse tout entière entoura le régent pour épargner au jeune comte de Horn un supplice infamant. Mais le régent résista noblement, et répondit à tout ce qu'on lui disait dans l'intérêt de la famille : *Le crime fait la honte, et non pas l'échafaud*. Law insista pour faire donner un exemple qui était indispensable dans un moment où tout le monde avait sa fortune en portefeuille. Le comte de Horn expira sur la roue.

Law, ajoutant mesures sur mesures, en arriva à défendre la circulation de l'or, parce que ce métal, par sa commodité, était pour le papier un rival infiniment plus dangereux que l'argent. Il fit ensuite annoncer la prochaine réduction du numéraire, qu'il n'avait élevé, par édit du mois de février, que pour le réduire dans un délai prochain. Le marc d'argent, élevé de 60 livres à 80, dut être ramené à 70 livres au 1er avril, et à 65 au 1er mai. Mais ce n'était plus qu'un moyen tout à fait insuffisant pour faire apporter le numéraire à la banque.

La situation empirait chaque jour; l'émission des billets pour payer les actions présentées à la banque s'était successivement élevée à 2 milliards 696 millions, leur dépréciation avait fait de nouveaux progrès, et les créanciers de toute espèce, remboursés avec un papier qui perdait plus de 60 pour cent, se plaignaient violemment d'un vol autorisé par la loi.

Dans cette conjoncture déplorable, il ne restait qu'une mesure à prendre. Puisqu'on n'avait pas voulu faire un sacrifice nécessaire, et abandonner les actions pour sauver les billets, il fallait maintenant tout sacrifier, actions et billets, afin de mettre un terme à une fiction criminelle. Il ne fallait pas prolonger, en effet, le mensonge de cette valeur nominale, qui forçait tous les individus liés par des obligations écrites à recevoir pour un entier ce qui ne valait qu'une moitié ou un tiers. Réduire sur-le-champ la valeur nominale de l'action et du billet était la seule ressource. On ne saurait trop hâter les sacrifices, quand ils sont devenus inévitables.

M. d'Argenson, privé des finances, avait gardé les sceaux ; il avait gagné dans l'esprit du régent tout ce que Law avait perdu, et il conseillait, comme urgente, la réduction de la valeur nominale du papier. Law, qui voyait dans cette réduction l'aveu public d'un mensonge dans les valeurs, et une secousse qui devait hâter la chute du système, s'y opposait de toutes ses forces. Néamoins, M. d'Argenson l'emporta. Le 21 mai 1720, un édit qui est resté célèbre dans l'histoire du système, annonça la réduction progressive des actions et des billets. Cette réduction devait commencer le jour même de la publication de l'édit, et continuer de mois en mois jusqu'au 1er décembre. A ce dernier terme, l'action ne devait plus valoir que 5 mille livres; le billet de 10 mille livres n'en devait plus valoir que 5; celui de mille, 500, etc. Les billets allaient donc être réduits de moitié, et l'action seulement de quatre neuvièmes. Law, quoique opposé à l'édit, consentit cependant à en être le rapporteur.

A peine fut-il publié, qu'une effroyable clameur s'éleva de toutes parts. On appela cette réduction une banqueroute; on reprocha au gouvernement d'être le premier à discréditer les valeurs qu'il avait créées, de voler ses propres créanciers, dont un certain nombre venaient d'être remboursés la veille même en billets, en un mot, d'attenter à la fortune de tous les citoyens. On voulut se porter chez Law pour dévaster son hôtel et mettre sa personne en pièces. Laisser tomber les actions de toute leur hauteur n'aurait pas provoqué plus de clameurs. Mais, dans le moment, il fallait ne pas craindre ces clameurs, et se faire même un devoir de les braver.

La réponse était facile, et elle aurait bientôt, par son évidence, agi sur l'esprit de tout le monde. Sans doute les créanciers de l'État et des particuliers, remboursés en billets, quelques-uns la veille même du dernier édit, étaient ruinés à moitié par la réduction ; mais ce n'était pas la faute de l'édit rendu le 21 mai. La véritable réduction était fort antérieure : l'édit ne faisait que constater une perte déjà réalisée, et le papier valait encore moins que ne prétendait l'édit. Mais parce qu'une foule de créanciers avaient été ruinés par le mensonge des valeurs nominales, était-ce une raison de prolonger ce mensonge, et de produire de nouvelles ruines? Il fallait, au contraire, faire cesser la fiction de la loi pour sauver de nouvelles victimes. A la vérité, la déclaration officielle du fait, quoique déjà reconnu, devait produire une secousse, et hâter le discrédit; mais peu importait de le hâter, puisqu'il était devenu inévitable.

Law fut considéré dans le public comme l'auteur de cette mesure, conseillée exclusivement par M. d'Argenson, et devint l'objet de toutes les haines. Le parlement, faisant cause commune avec le public, crut l'occasion bonne pour essayer une levée de boucliers. Il ne voyait pas que, dans sa haine aveugle contre le système, il allait rendre service à son auteur, et que, s'élever contre la réduction du papier, c'était soutenir que les valeurs créées par Law avaient un fondement réel. Il s'assembla donc, le 27 mai, pour demander la révocation de l'édit du 21. Au moment même où il délibérait, le régent lui envoya un de ses officiers pour lui défendre toute délibération, en lui annonçant la révocation de l'édit.

Le régent avait eu, en effet, la faiblesse de céder à la clameur publique. L'édit eût-il été mauvais, sa révocation était pire. Déclarer que les actions et les billets valaient encore tout ce que portait leur titre, c'était ne rien faire, car on ne persuadait personne, et on ne relevait pas le papier. On rétablissait un mensonge légal, et, sans rien rendre à ceux qui étaient déjà ruinés, on assurait la ruine de ceux qui seraient obligés de recevoir les billets pour toute leur valeur nominale. La mesure du 21 mai, sage si elle eût été maintenue, devenait désastreuse dès qu'elle était révoquée. Elle n'avait eu, en effet d'autre résultat que celui de hâter le discrédit, sans l'avantage essentiel de rétablir la vérité légale dans les valeurs.

Le régent feignit en public de rejeter sur Law tous les maux de la situation, et lui ôta le contrôle général, pour accorder une satisfaction à l'opinion publique. Mais il le vit en secret, et lui donna des consolations cachées, pour le dédommager d'une sévérité apparente. La première irritation des détenteurs de papier une fois passée, il l'accueillit de nouveau publiquement, le reçut même dans sa loge à l'Opéra, et lui donna une garde pour mettre sa maison à l'abri des attaques de la populace. Le cardinal Dubois avait dû au *système* de grands bénéfices, et il s'unit à Law pour perdre M. d'Argenson, l'auteur de l'édit du 21 mai. Le régent, qui, malgré la supériorité de son esprit et son courage militaire, manquait de caractère, se laissa persuader, enleva les sceaux à M. d'Argenson, et les rendit à M. d'Aguesseau. Law et le chevalier de Conflans coururent à Fresne chercher M. d'Aguesseau, qui eut la faiblesse de se laisser ramener par l'auteur de sa première disgrâce. Revenu à Paris, il y perdit une partie de sa considération, et les affaires de la compagnie n'en allèrent pas mieux.

On a vu par quelle suite de fautes le *système* avait été compromis. D'abord, la conversion de la dette en actions ayant été imprudemment conduite, les actions avaient été portées à une valeur follement exagérée. Cette faute commise, il fallait les laisser retomber, et les séparer des billets, afin de sauver au moins la banque, qui était un instrument d'une immense utilité, si on ne sauvait la compagnie des Indes, dont le succès était loin d'avoir la même importance. Au contraire, pour sauver l'action par le billet, on avait compromis l'un et l'autre. Dès lors, il fallait se hâter de suivre le discrédit, et de le déclarer au fur et à mesure qu'il se produirait, afin que personne ne fût forcément obligé de recevoir des valeurs mensongères. Mais, en le déclarant, puis en revenant sur cette déclaration, on venait de tout perdre à la fois. Dès lors, il n'y avait plus moyen de songer au vaste établissement conçu par Law. Le public ne voulant plus désormais ni actions ni billets, il n'y avait plus qu'à retirer les uns et les autres, aussi promptement que possible. Démolir prudemment était tout ce qui restait à faire.

Law présidait encore aux opérations financières sans paraître les diriger. Il fut obligé, le 1er juin, de donner une première satisfaction au public, en révoquant la défense de garder plus de 500 livres de numéraire à la fois. C'était la mesure la plus vexatoire du *système*, et celle qu'il était le plus pressant de révoquer.

Sur les 600 mille actions, il en était rentré

300 mille à la banque. Le roi en avait déposé 100 mille, ce qui faisait 400 mille, dont le public ne voulait plus. En échange, il circulait 2 milliards 696 millions 400 mille livres en billets. Il fallait abolir ces actions repoussées, et offrir à cette masse de billets des placements en rentes, c'est-à-dire revenir à l'ancienne forme de la dette publique, après d'affreux désastres et des milliers de ruines particulières. Le 3 juin, les 400 mille actions qui se trouvaient dans les mains de la banque furent annulées. Le gouvernement fit le sacrifice volontaire des 100 mille qu'il avait déposées, et renonça aux 900 millions que la compagnie devait lui payer. Il ne restait donc plus que 200 mille actions en circulation, c'est-à-dire un tiers de la masse totale. Mais, en revanche, les 48 millions qui étaient affectés à la compagnie sur le revenu des fermes lui furent retirés pour servir à la création de nouvelles rentes. Sur 80 millions de revenu, la compagnie en perdait 48, et elle n'en conservait

que 52. Les 200 mille actions restantes gagnaient donc à l'abolition des 400 mille, puisqu'elles étaient réduites de deux tiers quant à leur nombre, tandis qu'elles ne perdaient pas tout à fait les deux tiers de leur revenu. Par cette considération, il fut demandé un supplément de 3 mille livres par action. Ce supplément devait être fourni ou en actions ou en billets. Si on le fournissait en actions, il en fallait une pour en nourrir deux, c'est-à-dire que trois actions non nourries se changeaient en deux nourries. L'action était donc évaluée à 6 mille livres, puisqu'elle pouvait suffire à deux suppléments de 3 mille livres. La nourriture n'était cependant pas obligatoire. Mais la compagnie promettait 200 livres de dividende aux actions non nourries, et 360 aux actions nourries. Elle donnait ainsi un peu plus de 3 pour cent dans un cas, et de 4 dans l'autre. Elle s'attribuait un revenu de 40 millions au moins, et de 72 au plus, revenu tout à fait exagéré, car, par le retranchement des 48 millions des fermes, le revenu réel, qui n'était que de 80, se réduisait à 32. Quoi qu'il en soit, par cette demande d'un supplément, ou l'on faisait rentrer 600 millions de billets, ou bien on réduisait encore d'un tiers les 200 mille actions restantes.

Par édits des 10 et 20 juin, les 48 millions alloués à la compagnie, sur le bail des fermes, furent rétrocédés à l'État, pour le service des nouvelles rentes qu'il s'agissait de créer. Par les édits du 24 février et du 5 mars, il avait été ouvert une souscription de 10 millions de rentes perpétuelles sur la compagnie, et de 4 millions de rentes viagères. Sur ces sommes, il avait été souscrit un million de rentes perpétuelles, et 4 millions de rentes viagères, ce qui faisait 5 millions à déduire sur les 48 rétrocédés à l'État. Restaient 43 à employer en nouvelles créations de rentes. Il en fut constitué pour 25 millions sur l'hôtel de ville, au capital d'un milliard, ce qui supposait 2 1/2 d'intérêt pour cent. Restaient, sur les 43 millions disponibles, 18 millions à employer en nouvelles rentes, suivant les circonstances.

Cependant, comme ce placement ne convenait pas à ceux des porteurs de billets qui étaient commerçants, il fut ouvert pour eux, le 13 juillet, des *comptes courants* à la banque, dans le double but de leur offrir un usage convenable de leurs billets, et de conserver la banque. Le fonds de ces *comptes courants* devait être fourni en billets, et ne pas dépasser 600 millions. Moyennant ce capital, la banque se chargeait d'ouvrir des comptes aux négociants, et de faire tous leurs payements par le moyen des *virements de parties*.

Le milliard en rentes, les 600 millions en *comptes courants* devaient réduire à un milliard, à peu près, la somme de 2 milliards 696 millions de billets qui encombraient la circulation. Le supplément demandé pour les actions, et les 18 millions restants sur le produit des fermes, étaient autant de moyens d'éteindre ce milliard.

Telles furent les mesures prises pour abolir le *système*. Mais la rentrée du papier ne s'opéra que difficilement. Les rentes à 2 1/2 pour cent furent souscrites avec peu d'empressement, parce que les créanciers de l'État ne se contentaient pas facilement d'un intérêt de 2 1/2, au lieu de celui de 4 qu'ils touchaient autrefois. Il est vrai que, d'après la valeur actuelle du papier, 2 1/2 présentaient un intérêt suffisant, et revenaient à 5. Mais les malheureux créanciers, qui avaient reçu les billets pour leur valeur entière, ne calculaient pas de la sorte et ne croyaient recevoir que 2 1/2; car, en réalité, ils n'obtenaient pas davantage de leur ancien capital. Aussi ne se décidaient-ils que lentement à consommer ce douloureux sacrifice, en allant souscrire les rentes nouvellement créées. Les commerçants n'étaient pas plus empressés à se faire ouvrir des *comptes courants*, parce que la banque était tout à fait discréditée, et que des valeurs portées sur ses livres ne pouvaient guère servir dans le commerce. Sur les 600 millions, il n'en fut souscrit que 200. L'exemple de Law, qui plaça 5 millions en rentes et en *comptes courants*, n'eut aucune influence. Les porteurs des 200 mille actions conservées ne fournirent pas davantage le supplément demandé, parce qu'ils ne comptaient ni sur le revenu de 360 livres, ni même sur celui de 200.

L'action, quoique fixée à 6 mille livres en papier pour ceux qui consentaient à fournir la nourriture, valait beaucoup moins dans le commerce. Sa chute était encore plus rapide que celle du billet, et elle était tombée à 5 mille livres. Cinq mille livres billets ne valaient guère que 2,500 livres numéraire : ainsi l'action, qui avait valu 18 mille livres en novembre et décembre 1719, ne valait plus que 2,500 en juin 1720, c'est-à-dire huit mois après. La banque, qui était dispensée de payer à vue les billets de 10,000 et de 1,000 livres, par la loi qui défendait d'opérer en numéraire tout payement au-dessus de 100 livres, était pourtant tenue de rembourser ceux de 100 et de 10 livres. Pour déguiser l'épuisement de ses coffres, elle ne payait que lentement, et souvent en monnaie de billon. Elle ouvrait tard et fermait tôt ses bureaux, de manière que les billets de 100 et de 10 livres, quoique en petite quantité, étaient loin d'équivaloir à du numéraire (1).

(1) Il y avait en billets de dix milles livres. 1,134,000,000 liv.
En billets de mille livres. . . . . . . 1,223,200,000 —
En billets de cent livres. . . . . 299,200,000 —
En billets de dix livres. . . . . 40,000,000 —

Ce qui faisait bien le total de 2,696,400,000 liv.

La banque n'étant tenue de rembourser que ceux de cent livres et de dix livres, n'avait à se procurer du numéraire que pour la

Les agioteurs cherchaient toujours à se réunir pour vendre ou acheter. Chassés de la rue Quincampoix, ils formaient des groupes sur la place Vendôme. On n'avait plus à leur objecter l'existence d'un bureau ouvert à la banque pour convertir les actions en billets, ou les billets en actions. On les autorisa donc à se réunir. Ils élevèrent des tentes sur la place Vendôme à cause des grandes chaleurs du mois de juillet. Sous ces tentes, on faisait différents commerces : on vendait les actions contre les billets, les billets contre des espèces, ou contre des marchandises. Ces marchandises consistaient en orfévrerie, en pierres précieuses, en meubles, en voitures même et en chevaux, qui avaient appartenu à

somme de..	299,200,000 liv.
Et pour la somme de.	40,000,000 —
Total.	339,200,000 liv.

C'est ce qui explique la baisse des billets non réalisables, et la possibilité dans laquelle la banque se trouva quelque temps de payer à bureau ouvert.

des joueurs ruinés. C'était une foire où se vendaient les dépouilles des *mississipiens*. Aussi le public appelait cette place le *Mississipi renversé*.

Pour assurer une nouvelle rentrée des billets, Law imagina de faire de l'argent d'un avantage négligé jusqu'ici.

La compagnie avait certains priviléges seulement pour neuf ans, et les autres pour cinquante. Law prépara un édit qui les lui concédait à perpétuité, à condition de retirer 600 millions de billets de mois en mois. C'était à elle à choisir un mode plus sûr que le supplément demandé ou les *comptes en banque*. Cet édit fut présenté au parlement le 17 juillet.

Ce même jour se passait un événement des plus graves.

La banque n'avait à payer, comme nous venons de le dire, que les billets de 100 et de 10 livres, s'élevant à environ 339 millions. Elle payait lentement, et employait toutes les ruses imaginables pour rendre les payements plus difficiles. Cependant ses coffres étant presque épuisés, il fallut l'autoriser à ne plus rembourser que les billets de 10 livres. Cette autorisation, publiée le 17 juillet au matin, causa une espèce de soulèvement. On se présenta en foule à la banque pour réaliser les billets de 10 livres, par la crainte de les voir partager bientôt le sort des billets de 100. L'affluence devint telle, que trois personnes furent étouffées. Le peuple, indigné, était prêt à se livrer aux plus grands excès, et menaçait déjà la maison de Law. Celui-ci se réfugia au Palais-Royal pour chercher un asile auprès du régent. Le peuple l'y suivit en tumulte, portant les cadavres des trois personnes étouffées. La voiture qui venait de transporter Law fut mise en pièces, et il était même à craindre que la demeure du prince ne fût pas respectée. On avait fermé les portes de la cour du Palais-Royal ; le duc d'Orléans, avec beaucoup de présence d'esprit, ordonna de les rouvrir. Le peuple se précipita dans la cour, et puis s'arrêta tout à coup sur les marches du palais. Le chef de la police Leblanc s'avança au-devant de ceux qui portaient les cadavres, et leur dit : *Mes amis, allez déposer ces corps à la Morgue, et vous viendrez ensuite chercher votre payement.* Ces paroles calmèrent le tumulte. Les cadavres furent emportés, et la sédition dissipée.

Au milieu de ces scènes populaires, le parlement était assemblé pour examiner l'édit qui accordait à la compagnie la perpétuité de ses priviléges. La séance était fort orageuse, et, de temps en temps, des conseillers demandaient indécemment si Law n'était pas encore mort de la main du peuple. Le parlement apprit avec regret que Law s'était sauvé chez le régent, et il profita de l'occasion pour refuser l'enregistrement de l'édit. Le lendemain, afin d'empêcher des scènes semblables à celles de la veille, on déclara que les bureaux de la banque seraient fermés pendant plusieurs jours. Mais en même temps, pour calmer les esprits, on distribua des changeurs dans les principales places publiques, afin de retirer une partie des billets de 10 livres. Law demeura caché au Palais-Royal, pour se soustraire à un mouvement populaire, et le parlement fut exilé à Pontoise.

Dès ce jour, les mesures se succédèrent rapidement, afin de retirer le papier de la circulation et de hâter la complète abolition du *système*. L'arrêt du 21 mai ayant été révoqué, on essaya d'un autre moyen pour établir un rapport plus exact entre le numéraire et le papier. N'ayant pu réduire de moitié la valeur nominale des billets et des actions, on doubla celle du numéraire. Par édit du 30 juillet, le marc d'or fut porté à 1,800 livres, le marc d'argent à 120, et l'un et l'autre durent redescendre ensuite de mois en mois au premier prix de 900 livres et de 60. Cette mesure, comme toutes celles du même genre, avait pour but d'engager l'argent à reparaître dans la circulation. Mais, si d'une part elle mettait l'argent et le papier dans un rapport plus vrai, de l'autre elle ruinait les créanciers, qui, ayant stipulé lorsque le marc d'argent était fixé à 60 livres, étaient payés lorsqu'il l'était à 120.

On rendit ensuite des édits afin de retirer le papier le plus tôt possible. On avait aboli 400 mille actions, parce que le public ne voulait plus de ce placement. Comme il ne paraissait pas disposé à prendre des rentes, on revint aux actions, et on en créa 50 mille, pour faire rentrer les 600 millions avec lesquels la compagnie devait payer la perpétuité de ses priviléges. On exigea que les actions reçussent la nourriture de 3 mille livres déjà demandée, ou que deux fussent converties en une, sous peine de nullité. Il fut créé pour 8 millions de rentes, à 2 pour cent, sur les recettes générales, afin de fournir aux créanciers des provinces un emploi de leur papier. Enfin, pour mettre un terme à la circulation du papier, il fut décidé que les billets de 10 mille livres, et de mille, qui, au 1er novembre, n'auraient été employés ni en rentes sur l'hôtel de ville, ni en rentes sur les recettes générales, ni en nourriture d'actions, ni en achats des 50 mille actions dernièrement créées, cesseraient d'avoir cours, et deviendraient actions rentières de la compagnie, avec revenu fixe de 2 pour cent. Ils étaient donc condamnés à prendre la forme d'actions, sans même avoir la chance d'une amélioration de revenu, si les opérations de la compagnie étaient heureuses.

Cet édit, qui annonçait le terme prochain du *système*, accéléra encore la chute des billets de mille et de 10 mille livres. La banque, pour se conformer au discrédit progressif, avait été

14.

obligée de réduire les 200 millions fournis pour l'ouverture de *comptes courants*, à 50. Les actions ne se vendaient plus que 2 mille livres billets, et 2 mille livres billets représentaient à peine 200 livres en argent, de manière que les actions, qui avaient valu 18 mille livres en novembre 1719, n'en valaient plus que 300 en octobre 1720.

Le marché de papier, qui avait été transporté de la place Vendôme à l'hôtel de Soissons, fut de nouveau fermé. On institua soixante agents de change, destinés à être les intermédiaires des achats et des ventes, et on défendit toute réunion de spéculateurs sur les places publiques.

Enfin, les rigueurs contre les *mississipiens* enrichis commencèrent dans ce même mois d'octobre. Depuis longtemps, on se doutait bien que le gouvernement, suivant un ancien usage, leur enlèverait, par les *visas* et les *chambres ardentes*, ce qu'ils avaient acquis par l'agiotage. On dressa le rôle des individus connus pour avoir spéculé sur les actions. Une commission extraordinaire inscrivait arbitrairement sur ce rôle ceux que la notoriété publique désignait comme s'étant enrichis dans le commerce du papier. Ils furent condamnés à venir déposer un certain nombre d'actions aux bureaux de la compagnie, et à en acheter le nombre nécessaire, s'ils avaient vendu celles qu'ils possédaient. C'était un moyen de ramener forcément à la compagnie les *réaliseurs* qui l'avaient délaissée. On donna huit jours aux spéculateurs de bonne foi pour opérer volontairement le dépôt prescrit. Afin d'empêcher la fuite à l'étranger, il fut défendu, sous peine de mort, de voyager sans passe-port.

Ces mesures augmentèrent encore la baisse des actions. Tous ceux qui jusque-là n'étaient pas inscrits au rôle des spéculateurs enrichis, et qui ne savaient pas ce qu'on ferait des actions déposées, se hâtèrent de vendre celles qu'ils avaient. Le *système* disparut enfin en entier dans le mois de novembre 1720, un an après le moment de sa grande vogue. Tous les billets furent changés en rentes ou en actions rentières, et toutes les actions furent déposées à la compagnie. Alors on annonça un *visa* général, consistant à faire une revue de la masse entière du papier, afin d'annuler la plus grande partie de celui qui appartenait aux riches agioteurs.

Law, prévoyant les nouvelles colères qu'allait exciter le *visa*, songea dès lors à sortir de France. La haine qu'il inspirait était si violente, que, depuis la scène du 17 juillet, il n'avait pas osé quitter le Palais-Royal. Le fait suivant peut donner une idée de la fureur excitée contre lui. Un cocher de fiacre, étant en dispute avec un cocher de carrosse, s'écria : *C'est la voiture de Law !* Aussitôt le peuple se précipita sur cette voiture et faillit déchirer le maître et le cocher.

Law se retira d'abord à sa terre de Guermande, et demanda des passe-ports au duc d'Orléans, qui ne les lui fit pas attendre. Le duc de Bourbon, enrichi par le *système*, crut devoir des égards à Law, et lui offrit de l'argent, ainsi que la voiture de madame de Prie, sa maîtresse. Law refusa l'argent, et accepta la voiture de madame de Prie. Il se rendit à Bruxelles, n'emportant avec lui que la somme de 800 louis.

A peine fut-il parti, que le séquestre fût mis sur ses biens, consistant en terres et en actions. Law avait été imprudent, coupable même dans la conduite du *système;* mais il était plus occupé de ses idées que de sa fortune. Tandis que les riches *mississipiens* avaient acquis des fortunes de 50 et 40 millions, lui, possesseur de tous les trésors du *système*, avait à peine gagné 10 millions, les avait placés en France, et n'avait rien envoyé à l'étranger. Pouvant puiser à la banque des sommes considérables en espèces, il ne songea pas même à se procurer de l'argent pour son voyage, et il dut à un hasard les 800 louis qui lui servirent à se mettre en route. On séquestra ses biens, sous prétexte de régler ses comptes personnels avec la compagnie, dont il était cependant créancier et non pas débiteur.

Les frères Paris furent chargés du *visa.* Il porta sur 2 milliards 222 millions de papier, restant du *système*, et consistant en actions, ou billets devenus actions rentières. On examina à quel titre ces effets se trouvaient dans les mains des personnes qui les avaient déposés, et on annula ceux qui appartenaient aux nouveaux enrichis, ce qui réduisit la masse totale du papier de plus de 500 millions. La dette de l'État fut ainsi changée partie en rentes, partie en actions. Le capital était à peu près le même qu'avant le *système*, mais l'intérêt en était fort diminué. Le trésor n'avait guère plus de 37 millions, au lieu de 80 à payer; mais une foule de créanciers avaient été complétement ruinés, et le crédit se trouvait en aussi mauvais état qu'en 1716. La banque fut abolie; la compagnie, privée des fermes, des recettes générales, de tous les revenus de l'État, et bornée au commerce d'outre-mer, continua d'exister sous le titre de compagnie des Indes, et fut le seul débris de la vaste machine imaginée par Law.

Récapitulons les événements du *système*, pour en bien montrer l'ensemble, et pour rendre plus claires les causes de sa ruine.

Un Écossais, transporté d'une contrée pauvre au milieu de pays riches, avait été frappé du spectacle d'une vaste circulation, et avait été amené à croire que toute prospérité venait de l'abondance du numéraire. Apercevant dans les banques un moyen d'augmenter le numéraire, parce qu'elles procurent au papier cours volontaire de monnaie, il imagina une banque générale, réunissant à l'exploitation du commerce l'administration des revenus publics, émettant un papier-monnaie pour les grands payements, réservant les espèces métalliques pour les petits, joignant ainsi à la création d'une monnaie abondante celle de placements commodes et avantageux.

Rebuté en divers pays, cet Écossais fut écouté en France, où il trouva un gouvernement réduit aux expédients, et enclin aux idées nouvelles. Il créa d'abord une banque privée que le besoin d'un établissement de crédit fit réussir. Il institua ensuite, mais entièrement à part, une compagnie de commerce, qu'il dota successivement des attributions les plus diverses, dans le but de la réunir ultérieurement à la banque, et de compléter ainsi le vaste établissement qu'il avait projeté. Les premières actions de cette compagnie furent délivrées aux porteurs des divers papiers d'État qui représentaient la dette flottante, de manière que les créanciers du trésor furent remboursés avec les priviléges dont se composait la fortune de la compagnie. Bientôt Law transporta à cette compagnie les grandes fermes, à condition qu'elle se chargerait de la dette fondée, montant à 1,600 millions. De la sorte tous les créanciers de l'État allaient devenir successivement actionnaires de la compagnie, et, quoiqu'ils ne reçussent plus que 3 pour cent de leurs capitaux, ils devaient trouver dans les profits d'une immense exploitation de quoi parfaire leur revenu. Le projet s'accomplit; les 1,600 millions se déplacèrent; mais, conduits sans précautions, ils se précipitèrent sur les actions par la crainte de voir ce placement leur échapper. Les actions montèrent à trente-six capitaux pour un, et la dette, qui, transformée en actions, aurait dû s'élever à 2 milliards au plus, s'éleva fictivement à 8 ou 10. Une ivresse générale s'empara de toutes les imaginations; on accourut, non plus pour avoir un placement, mais pour s'enrichir au moyen de l'élévation merveilleuse de ce capital. Une foule de propriétaires abandonnèrent leurs propriétés réelles, qui n'augmentaient pas de valeur, pour ces propriétés imaginaires, dont le prix croissait à vue d'œil. Alors les possesseurs du papier, plus avisés que les spéculateurs qui venaient après eux, s'empressèrent de le donner pour des richesses effectives. Leur exemple fut suivi, et chacun voulut *réaliser*. Dès ce moment, le fictif entrant en comparaison avec le réel, l'illusion cessa, et la chute des actions devint bientôt rapide. Ceux qui avaient pris le capital fictif pour 10 milliards le virent successivement tomber à 8 et 6, et furent en proie à un vrai désespoir. Il fallait les plaindre, mais ne pas chercher à empêcher une catastrophe devenue inévitable. Law, qui avait souffert qu'on l'adorât pour cette création subite de richesses, eut le tort de chercher à la maintenir, et il eut la malheureuse idée de rattacher l'action au billet. Il essaya d'abord d'établir la valeur du billet, en le rendant obligatoire dans tout payement au-dessus de 100 livres, et en défendant la possession de plus de 500 livres de numéraire à la fois. Il fixa ensuite la valeur de l'action en billets, et décida que l'action serait reçue à la banque pour 9,000 livres papier. Tout aussitôt la masse des actions se changea en cette monnaie forcée, et se précipita sur les propriétés pour les acheter. Qu'arriva-t-il? Le capital fictif tomba sous forme de billets comme il serait tombé sous forme d'actions; seulement, le billet, qu'on aurait pu sauver, fut perdu. Tous ceux qui avaient à traiter refusaient les billets en payement, ou en exigeaient le double, le triple, le quadruple de la valeur des choses. Il n'y avait que les créanciers liés par des engagements écrits, qui fussent forcés de prendre la nouvelle monnaie suivant toute sa valeur nominale, et ceux-là furent ruinés. Pour faire cesser ce mensonge inique des monnaies, on voulut réduire, le 21 mai, les valeurs nominales; mais, une clameur violente s'étant élevée, on recula, et on laissa exister le mensonge. La ruine du *système* n'en fut pas moins inévitable, car une pareille fiction ne pouvait subsister. Il fallut alors démolir le *système*, changer les actions et les billets en rentes, et revenir à l'ancien état de choses, après d'affreux désastres et un cruel déplacement de toutes les fortunes. Tel fut le système de Law, et sa triste fin.

Si on compare cette catastrophe financière à celle des assignats, et à la crise de la banque d'Angleterre dans notre siècle, on reconnaîtra que les événements du crédit ont entre eux une singulière ressemblance, et on tirera de leur comparaison d'utiles enseignements.

Le crédit a toujours pour but d'anticiper sur

l'avenir, en employant des valeurs futures, et en les faisant circuler comme si elles existaient déjà.

Law, supposant le succès d'une vaste exploitation commerciale, en représenta les profits par des actions, et se servit de ces actions pour payer les dettes de l'État.

La Révolution française voulut payer les offices abolis, la dette de la monarchie, et les frais d'une guerre universelle, avec les biens nationaux : ces biens ne pouvant se vendre à cause de leur quantité et du défaut de confiance, elle anticipa sur la vente, et représenta leur valeur par un papier appelé *assignats*.

La banque d'Angleterre, soit par l'escompte, soit par les prêts faits au gouvernement, supposa et accepta comme réelles deux espèces de valeurs : les effets de commerce qui représentaient d'immenses quantités de denrées coloniales, d'un placement difficile, et les engagements de l'État, valeurs infiniment variables, et dépendantes des succès de la guerre et de la politique.

Dans les trois cas, il existait une valeur douteuse : les actions de Law représentaient des succès commerciaux, et des produits fiscaux très-incertains ; les assignats représentaient le prix de biens qui seraient peut-être détournés de leur destination révolutionnaire ; les billets de la banque d'Angleterre représentaient des engagements que l'État ne pourrait peut-être pas remplir.

La crise produite par le doute varia dans les trois cas, suivant toute la différence des circonstances. Le prestige d'un pays récemment découvert, le déplacement subit d'une somme énorme, firent monter les actions de Law d'une manière extravagante. Mais une confiance aveugle devait amener bientôt un désespoir aveugle, car la véritable confiance, fondée sur le succès réel du travail, lente comme lui dans ses progrès, est seule dispensée de ces retours subits qui ressemblent à des tempêtes. Les assignats ne pouvaient se perdre de la même manière. Ils ne pouvaient monter parce qu'ils représentaient une valeur de terres qui n'était pas susceptible de s'accroître. Mais, à mesure qu'on doutait des succès de la Révolution et du maintien des ventes nationales, ils baissaient; à mesure qu'ils baissaient, le gouvernement, pour suppléer à la valeur par la quantité, était obligé de doubler leur émission, et la surabondance se joignait au doute pour les déprécier. Les billets de la banque d'Angleterre, fondés sur des marchandises qui pouvaient se déprécier, et sur des engagements d'État, que les victoires de la France dépréciaient sans les ébranler, subissaient une baisse, mais une baisse modérée, parce qu'une seule partie du gage était contestable.

Dans les trois cas, l'autorité, voulant suppléer à la confiance par la force, échoua en proportion de la valeur douteuse, dont elle cherchait à certifier la réalité par des moyens violents.

Law fixa la valeur des actions en billets, et essaya de fixer la valeur du billet lui-même, en rendant son acceptation obligatoire à un taux déterminé.

Le gouvernement révolutionnaire français donna cours forcé de monnaie aux assignats, et punit de mort quiconque refuserait de les prendre pour toute leur valeur nominale.

La banque d'Angleterre se fit autoriser à ne plus rembourser ses billets à vue.

Il résulta de ces diverses mesures une perturbation effrayante dans les échanges. Tous ceux qui avaient des marchés à conclure ne voulaient point accepter la monnaie forcée d'après son titre, et en demandaient le double, le triple, suivant le degré de la dépréciation ; mais ceux qui étaient obligés de subir l'exécution d'un marché antérieur, tous les créanciers, en un mot, étaient ruinés, parce qu'ils étaient obligés d'accepter une valeur purement nominale.

A mesure que la résistance augmentait, l'autorité devenait plus vexatoire, parce qu'elle était obligée, pour forcer la confiance, de pénétrer dans l'intérieur domestique. Law défendit la possession de plus de 500 livres de numéraire, et autorisa la délation. Le gouvernement révolutionnaire, plus violent et plus extrême en toutes choses, établit le *maximum*, et régla le taux de tous les échanges, mais il ne réussit pas davantage. La banque d'Angleterre, plus modérée parce qu'elle mentait peu dans les valeurs qu'elle proclamait comme certaines, se fia au patriotisme des marchands de Londres, lesquels se réunirent et déclarèrent qu'ils prendraient les billets en payement. Les billets continuèrent à circuler avec un agio modéré.

Mais les moyens forcés n'empêchent pas la chute de ce qui doit périr. Les 8 ou 10 milliards de Law n'en tombèrent pas moins au-dessous même de ce qu'ils valaient. Les assignats, émis hors de proportion avec les biens qu'ils représentaient, s'évanouirent complétement. Les billets de la banque d'Angleterre fléchirent jusqu'à 12 et 15 pour cent de perte, se relevèrent à la paix générale, lorsque le payement en argent fut rétabli, mais auraient pu succomber, si Napoléon, plus prudent, eût employé contre la politique anglaise le secours infaillible du temps.

Plusieurs vérités résultent de ces faits.

Le crédit doit représenter des valeurs certaines, et doit être tout au plus une anticipation très-limitée sur ces valeurs.

Dès que ces valeurs deviennent incertaines, la force ne peut rien pour les soutenir.

Les valeurs forcées sont refusées par les contractants libres, et ruinent ceux qui, grâce à des contrats antérieurs, ne sont plus libres de les refuser.

Ainsi, mensonge d'un moment, vexations inutiles, spoliation forcée d'une multitude de contractants, et déplacement de toutes les fortunes, tel est le résultat ordinaire du crédit illusoire, bientôt suivi du crédit forcé. La moins fâcheuse de ces trois expériences, si peu dommageable qu'elle n'entraîna qu'une gêne momentanée, celle de la banque d'Angleterre, dut son salut à la victoire. Il ne faut jamais faire dépendre toutes les valeurs d'un pays des faveurs trompeuses de la fortune.

Law, génie malheureux, après avoir un moment rempli l'Europe de son nom et de son système, parcourut diverses contrées du conti-

nent, et se fixa enfin à Venise. Malgré les capitaux qu'il avait apportés en France et ceux qu'il y avait laissés, il termina sa vie dans l'indigence. Resté en correspondance avec le duc d'Orléans, puis avec le duc de Bourbon, il ne cessa de réclamer ce que le gouvernement français avait l'injustice de lui refuser. Il écrivait au duc de Bourbon : « Esope fut un modèle de désintéres-
« sement; cependant les courtisans l'accusèrent
« d'avoir des trésors dans un coffre qu'il visitait
« souvent : ils n'y trouvèrent que l'habit qu'il
« avait avant d'être dans la faveur du prince.
« Si j'avais sauvé mon habit, je ne changerais
« pas d'état avec ceux qui sont dans les pre-
« miers emplois; mais je suis nu; on veut que
« je subsiste sans biens et que je paye des dettes
« sans en avoir les fonds. » Law n'obtint pas l'ancien habit qu'il réclamait. Peu d'années après sa sortie de France, en 1729, il mourut à Venise, pauvre, malheureux et oublié.

FIN.

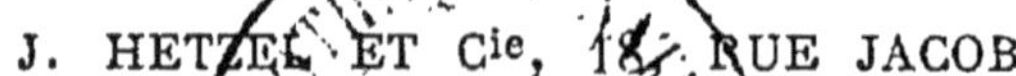

J. HETZEL ET Cie, 18, RUE JACOB

CAHIERS

D'UNE ÉLÈVE DE SAINT-DENIS

Cours complet et gradué d'Éducation

POUR LES FILLES ET POUR LES GARÇONS

A suivre en six années

Soit dans la Pension, soit dans la Famille

PAR DEUX ANCIENNES ÉLÈVES DE LA MAISON DE LA LÉGION D'HONNEUR

ET PAR

LOUIS BAUDE, ancien professeur au Collége Stanislas

17 Volumes in-18.— Brochés, **57** fr.; cartonnés, **61** fr. **50**

Chaque volume se vend séparément

CAHIERS PRÉLIMINAIRES

Cours de Lecture *(1re partie)*. — Syllabaire. — Alphabet illustré. — Signes orthographiques. — Premières lectures courantes. — Contes moraux. — Maximes. — Lectures instructives. — Fêtes et solennités de l'Église pendant les quatre saisons de l'année. — Lectures récréatives. — Les jeux de l'enfance. — (Broché, 2 fr.; cart., 2 fr. 25.)

Instruction élémentaire *(2e partie)*. — Religion. — Éducation. — Instruction. — Des premiers nombres et des premiers chiffres. — Des cinq sens. — Du temps et de ses divisions. — De l'univers ou de la création. — Les quatre éléments. — Les cinq parties du monde. — Des différents noms qu'on donne à l'eau. — Phénomènes atmosphériques et souterrains. — Exercices de mémoire. — Lectures. — (Broché, 3 fr.; cart., 3 fr. 25.)

Instruction élémentaire (*3e partie*). — Religion. — Education. — Instruction. — Les trois règnes de la nature. — Minerais et métaux. — Fleurs des champs et des jardins. — Arbres et arbrisseaux. — Oiseaux, insectes, poissons, reptiles, quadrupèdes. — Connaissance élémentaire des chiffres et des nombres. — Exercices de mémoire. — Lectures récréatives. — Curiosités d'Histoire naturelle. — (Broché, 3 fr.; cart., 3 fr. 25.)

Cours d'Écriture (*4e partie*), accompagné de gravures dans le texte et de trente-deux planches de modèles. — Notions préliminaires. — Objets et instruments nécessaires pour écrire. — Formes et variantes de l'écriture *anglaise*. — Des diverses positions et de la manière de tenir sa plume pour écrire l'*anglaise*. — Principes généraux de l'écriture *anglaise*. — Des différentes grosseurs d'écriture. — Etude des minuscules. — Etude des majuscules. — Des chiffres de l'*anglaise*. — De l'*expédiée* ou cursive *anglaise*. — Des différentes grosseurs d'*anglaise* au-dessus du *demi-fin*. — Des écritures *fortes* (bâtarde, coulée, ronde et gothique). — De l'emploi, dans l'écriture, des accents, de la ponctuation et d'autres signes se rapportant aux lettres elles-mêmes ou qui en sont dépendants. — (Broché, 5 fr.; cart., 5 fr. 50.)

Première année *(Tomes I et II)*. — Introduction. — Grammaire française. — Dictées. — Histoire sainte. — Mappemonde. — Géographie de l'histoire sainte. — Anciennes divisions de la France par provinces. — Division de la France par départements. — Table chronologique des rois de France. — Arithmétique. — Système métrique. — Lectures et exercices de mémoire. — Etymologies. — (Tome I, broché, 1 fr. 50; cart., 1 fr. 75. — Tome II, broché, 2 fr. 50; cart., 2 fr. 75.)

Deuxième année *(Tomes III et IV)*. Grammaire française. — Dictées. — Histoire sainte. — Histoire ancienne. — Ères chronologiques. — Mythologie. — Etudes préparatoires à l'Histoire de France. — Cosmographie. — Arithmétique. — Géographie de l'Asie Mineure. — Départements et arrondissements de la France. — Géographie de la France. — Lectures. — Etymologies. — (Chaque tome, broché, 2 fr. 50; cart., 2 fr. 75.)

Troisième année *(Tomes V et VI)*. — Grammaire française. — Histoire ancienne. — Histoire romaine. — Histoire de l'Eglise. — Cosmographie. — Arithmétique. — Etudes préparatoires de l'Histoire de France. — Paris et ses monuments. — Lectures. — Etymologies. — (Tome V, broché. 3 fr.; cart., 3 fr. 25. — Tome VI, broché. 3 fr. 50; cart., 3 fr. 75.)

Quatrième année *(Tomes VII et VIII)*. — Récapitulation de l'Histoire ancienne. — Histoire du moyen âge. — Histoire de l'Eglise. — Géographie de l'Europe. — France provinciale et départementale. — Histoire naturelle. — Précis de l'histoire de la langue française. — Traité de versification. — Lectures. — Etymologies. — (Chaque vol., br., 3 fr. 50; cart., 3 fr. 75.)

Cinquième année *(Tomes IX et X)*. — Histoire moderne. — Histoire de l'Eglise. — Géographie de l'Amérique et de l'Océanie. — Curiosités historiques. — Botanique. — Zoologie. — Principales inventions et découvertes. — Lectures. — Etymologies. (Tome IX, broché, 3 fr. 50; cart., 3 fr. 75. — Tome X, broché, 4 fr.; cart., 4 fr. 25.)

Sixième année *(Tomes XI et XII)*. — Principes de littérature. — Histoire de la littérature ancienne et française. — Introduction à la Philosophie. — Philosophie. — Table chronologique des principaux événements de l'histoire contemporaine depuis 1789. — Bibliographie. — Philologie des langues européennes. — Précis de l'histoire générale des études. — Biographie des femmes célèbres. — Notions géographiques complémentaires. — Morceaux choisis. — Etymologies. — (Chaque volume, broché, 4 fr. 50; cart., 4 fr. 75.)

LAPRADE (V. de).....	Le Livre d'un père........	1 v.
LAVALLÉE (Th.)....	Histoire de la Turquie.....	2 v.
LEGOUVÉ (E.)......	Les Pères et les Enfants au XIXe siècle (ENFANCE ET ADOLESCENCE)...........	1 v.
—	Les Pères et les Enfants au XIXe siècle (LA JEUNESSE)..	1 v.
—	Conférences parisiennes....	1 v.
LOCKROY (Mme).....	Contes à mes Nièces......	1 v.
MACAULAY.........	Histoire et Critique.......	1 v.
MACÉ (Jean).......	Histoire d'une Bouchée de pain.	1 v.
—	Les Serviteurs de l'estomac..	1 v.
—	Contes du Petit Château....	1 v.
—	Arithmétique du Grand-Papa.	1 v.
MALOT (Hector).....	Romain Kalbris.........	1 v.
MAURY (commandant)..	Géographie physique......	1 v.
MULLER (Eugène)....	La Jeunesse des Hommes célèbres.............	1 v.
—	La Morale en action par l'histoire.............	1 v.
ORDINAIRE........	Dictionnaire de mythologie...	1 v.
—	Rhétorique nouvelle......	1 v.
RATISBONNE (Louis)..	Comédie enfantine (ouv. cour.).	1 v.
RECLUS (Elisée).....	Histoire d'un Ruisseau.....	1 v.
RENARD..........	Le Fond de la Mer.......	1 v.
ROULIN (F.).......	Histoire naturelle........	1 v.
SANDEAU (Jules).....	La Roche aux Mouettes....	1 v.
SAYOUS..........	Conseils à une mère sur l'éducation littéraire........	1 v.
—	Principes de littérature.....	1 v.
SIMONIN..........	Histoire de la Terre......	1 v.
STAHL (P.-J.)......	Contes et récits de Morale familière (ouvr. couronné)..	1 v.
—	Histoire d'un Ane et de deux jeunes Filles (ouvr. cour)..	1 v.
—	La famille Chester........	1 v.
—	Les Patins d'argent (ouv. cour.)	1 v.
—	Mon premier Voyage en mer, d'après une traduction de Thoulet.............	1 v.
—	Les Histoires de mon parrain.	1 v.
STAHL et DE WAILLY.	**Scènes de la vie des enfants en Amérique.**	
—	Les Vacances de Riquet et Madeleine............	1 v.

STAHL et DE WAILLY.	Mary Bell, William et Lafaine.	1 v.
STAHL ET MULLER. . .	Le nouveau Robinson suisse.	1 v.
SUSANE (général). . . .	Histoire de la Cavalerie	3 v.
THIERS.	Histoire de Law.	1 v.
VALLERY RADOT (René)	Journal d'un Volontaire d'un an. (*ouvr. couronné*)	1 v.
VERNE (Jules).	**Aventures du capitaine Hatteras :**	
	— Les Anglais au pôle Nord.	1 v.
	— Le Désert de Glace	1 v.
	Les Enfants du capitaine Grant:	
	— L'Amérique du Sud.	1 v.
	— L'Australie.	1 v.
	— L'Océan Pacifique.	1 v.
	Aventures de 3 Russes et de 3 Anglais	1 v.
VOYAGES EXTRAORDINAIRES COURONNÉS PAR L'ACADÉMIE FRANÇAISE	Cinq semaines en ballon	1 v.
	De la Terre à la Lune.	1 v.
	Autour de la Lune.	1 v.
	Histoire des grands Voyages et des grands Voyageurs . .	1 v.
	Le Pays des Fourrures.	2 v.
	Le Tour du Monde en 80 jours.	1 v.
	Vingt mille lieues sous les Mers	2 v.
	Voyage au centre de la Terre.	1 v.
	Une Ville flottante.	1 v.
	Le docteur Ox.	1 v.
	Le Chancellor.	1 v.
	L'Ile Mystérieuse:	
	— Les Naufragés de l'air. . .	1 v.
	— L'Abandonné.	1 v.
	— Le Secret de l'île	1 v.
	Michel Strogoff.	2 v.
	Les Indes-Noires.	1 v.
ZURCHER ET MARGOLLÉ	Les Tempêtes	1 v
—	Histoire de la Navigation . . .	1 v.
—	Le Monde sous-marin	1 v.

SÉRIE DES VOLUMES IN-18, AVEC OU SANS GRAVURES

BROCHÉS, **3 fr. 50**. — CARTONNÉS, TR. DORÉES, **4 fr. 50**

(Suite de la Collection *Éducation et Récréation.*)

ANQUEZ.	Histoire de France	1 v.
BERTRAND (Alex.).. . .	Lettres sur les révol. du globe	1 v.
BOISSONNAS (B.)	Un Vaincu	1 v.
FARADAY (M.).	Histoire d'une Chandelle . . .	1 v.
FRANKLIN (J.).	Vie des Animaux	6 v.

HIRTZ (Mlle)	Méthode de coupe et de confection pour les vêtements de femmes et d'enfants. 154 gr. .	1 v.
LAVALLÉE (Th.).	Les Frontières de la France (*Ouvrage couronné*)	1 v.
MAYNE-REID.	William le Mousse	1 v.
—	Les Jeunes Esclaves.	1 v.
—	Le Désert d'eau	1 v.
—	Les Chasseurs de Girafes . . .	1 v.
—	Les Naufragés de l'île de Bornéo	1 v.
—	La Sœur perdue.	1 v.
—	Les Planteurs de la Jamaïque.	1 v.
—	Les deux Filles du Squatter. .	1 v.
—	Les Jeunes voyageurs.	1 v.
MICKIEWICS (Adam). .	Histoire de la Pologne	1 v.
MORTIMER D'OCAGNE.	Les grandes Ecoles civiles et militaires de France. — Historique. — Programmes d'admission. — Régime intérieur. — Sortie, carrière ouverte.	1 v.
NODIER (Ch.).	Contes choisis.	2 v.
PARVILLE (de).	Un Habitant de la planète Mars.	1 v.
SILVA (de).	Le Livre de Maurice	1 v.
SUSANE (général)	Histoire de l'Artillerie.	1 v.
TYNDALL	Dans les Montagnes	1 v.

SÉRIE IN-18. — PRIX DIVERS

(Suite de la Collection *Éducation et Récréation.*)

BLOCK (Maurice)	Petit Manuel d'économie prat.	1 fr.
A. BRACHET.	Dictionnaire étymologique de la langue franç. (*ouv. cour.*	8 fr.
CHENNEVIÈRES (de). . .	Aventures du petit roi saint Louis devant Bellesme. 1 vol. in-18, broché	5 fr.
CLAVÉ (J.)	Principes d'économie pol. in-18	2 fr.
DUBAIL.	Géogr. de l'Alsace-Lorraine.	1 fr.
DUMAS (A.)	La Bouillie de la comtesse Berthe. 1 vol. in-18, broché.	2 fr.
GRIMARD (Ed.).	La Botanique à la campagne, 1 vol.	5 fr.
MACÉ (Jean).	Théâtre du Petit Château. . .	2 fr.
—	Arithmétique du Grand-Papa (édit. pop.).	1 fr.
NODIER (Charles). . . .	Trésor des Fèves et Fleur des Pois. Un volume in-18, avec nombreux dessins, broché.	2 fr.
SOUVIRON	Dict. des termes techniques. .	6 fr.

HISTOIRE, POÉSIE, VOYAGES, ROMANS, LITTÉRATURE

FRANÇAISE ET ÉTRANGÈRE

VOLUMES IN-18 A 3 FR.

Audeval	Les Demi-Dots	1 v.
—	La Dernière	1 v.
Badin (Adolphe)	Marie Chassaing	1 v.
Bentzon (Th.)	Un Divorce	1 v.
Lucie B.	Une maman qui ne punit pas.	1 v.
—	Aventures d'Édouard et justice des choses	1 v.
Biart (Lucien)	Le Bizco	1 v.
—	Benito Vasquez	1 v.
—	La Terre chaude	1 v.
—	La Terre tempérée	1 v.
—	Pile et Face	1 v.
—	Les Clientes du Dr Bernagius.	1 v.
Chamfort	(Édition Stahl)	1 v.
Colombey	Esprit des voleurs	1 v.
Daudet (Alphonse)	Le Petit Chose	1 v.
—	Lettres de mon moulin	1 v.
Domenech (l'abbé)	La Chaussée des Géants	1 v.
—	Voyages et avent. en Irlande	1 v.
Durande (Amédée)	Carl. Joseph et Horace Vernet.	1 v.
Erckmann-Chatrian	Le Blocus	1 v.
—	Le Brigadier Frédéric	1 v.
—	Une Campagne en Kabylie	1 v.
—	Confidences d'un joueur de clarinette	1 v.
—	Contes de la montagne	1 v.
—	Contes des bords du Rhin	1 v.
—	Contes populaires	1 v.
—	Le Fou Yégof	1 v.
—	La Guerre	1 v.
—	Histoire d'un Conscrit de 1813.	1 v.
—	Hist. d'un homme du peuple	1 v.
—	Hist. d'un paysan, compl. en	4 v.
—	Histoire d'un sous-maître	1 v.
—	L'illustre docteur Mathéus	1 v.
—	Madame Thérèse	1 v.
—	— *Édition allemande avec les dessins hors texte*, 1 *v.*, 3 *fr.*	
—	Maître Gaspard Fix	1 v.

ERCKMANN-CHATRIAN.	La Maison forestière	1 v.
—	Maître Daniel Rock	1 v.
—	Waterloo	1 v.
—	Histoire du plébiscite	1 v.
—	Les Deux Frères	1 v.
—	Souvenirs d'un ancien chef de chantier	1 v.
—	Le Juif polonais, pièce à 1 50.	1 v.
ESQUIROS (Alph.)	L'Angleterre et la vie anglaise.	5 v.
FAVRE (Jules)	Discours du bâtonnat	1 v.
FLAVIO	Où mènent les chemins de traverse	1 v.
GENEVRAY	Une Cause secrète	1 v.
GOURNOT	Essai sur la jeunesse contemporaine	1 v.
GOZLAN (Léon)	Emotions de Polydore Marasquin	1 v.
GRAMONT (comte de)	Les Gentilshommes pauvres	1 v.
—	Les Gentilshommes riches	1 v.
JANIN (Jules)	La Fin d'un monde. Le neveu de Rameau	1 v.
—	Variétés littéraires	1 v.
LAVALLÉE (Théophile)	Jean-sans-Peur	1 v.
MULLER (Eugène)	La Mionette	1 v.
MORALE UNIVERSELLE.	Esprit des Allemands	1 v.
—	— Anglais	1 v.
—	— Espagnols	1 v.
—	— Grecs	1 v.
—	— Italiens	1 v.
—	— Latins	1 v.
—	— Orientaux	1 v.
OLIVIER (Just)	Le Batelier de Clarens	2 v.
PICHAT (Laurent)	Gaston	1 v.
—	Les Poëtes de combat	1 v.
—	Le Secret de Polichinelle	1 v.
POUJARD'HIEU	Les Chemins de fer	1 v.
—	La Liberté et les intérêts matériels	1 v.
PRINCESSE PALATINE.	Lettres inédites (trad. par Roland)	1 v.
QUATRELLES	Voyage autour du grand monde	1 v.
—	La Vie à grand orchestre	1 v.
—	Sans Queue ni Tête	1 v.
—	L'Arc-en-ciel	1 v.
RIVE (DE LA)	Souvenirs sur M. de Cavour	1 v.
ROBERT (Adrien)	Le Nouveau Roman comique.	1 v.
ROQUEPLAN	Parisine	1 v.

SAND (George)	Promenades autour d'un village	1 v.
STAHL (P.-J.).	LES BONNES FORTUNES PARISIENNES :	
—	— Les Amours d'un pierrot. .	1 v.
—	— Les Amours d'un notaire. .	1 v.
—	Histoire d'un homme enrhumé, Voyage d'un étudiant	1 v.
—	Histoire d'un Prince et Voyage où il vous plaira.	1 v.
TEXIER et KÆMPFEN. .	Paris capitale du monde . . .	1 v.
TOURGUÉNEFF (J.) . . .	Dimitri Roudine.	1 v.
—	Fumée (préface de MÉRIMÉE) .	1 v.
—	Une Nichée de gentilshommes.	1 v.
—	Nouvelles moscovites	1 v.
—	Histoires étranges.	1 v.
—	Les Eaux Printanières.	1 v.
—	Les Reliques vivantes.	1 v.
—	Terres vierges.	1 v.
TROCHU (Général). . . .	Pour la vérité et pour la justice.	1 v.
—	La politique et le siége de Paris.	1 v.
WILKIE COLLINS.	La Femme en blanc	2 v.
—	Sans Nom	2 v.
H. WOOD (Mme). . . .	Lady Isabel	2 v.

LIVRES IN-18 EN COMMISSION (3 FR.)

ANONYME.	Mary Briant.	1 v.
ARAGO (Étienne).	Les Bleus et les Blancs.	2 v.
BAIGNIÈRES.	Histoires modernes	1 v.
—	Histoires anciennes.	1 v.
BASTIDE (A.).	Le Christianisme et l'esprit moderne	1 v.
BERCHÈRE	L'Isthme de Suez	1 v.
BOULLON (E.).	Chez nous	1 v.
BUGEAUD (Gérôme). . .	Jacquet-Jacques.	1 v.
CARTERON (C.)	Voyage en Algérie	1 v.
CHAUFFOUR	Les Réformateurs du XVIe siècle	2 v.
DOLLFUS (Charles) . . .	La Confession de Madeleine.	1 v.
DUVERNET	La Canne de Mᵉ Desrieux . . .	1 v.
FAVIER (F.)	L'Héritage d'un misanthrope.	1 v.
FOS MARIA de).	Les Cercles de feu	1 v.
GRENIER	Poëmes dramatiques.	1 v

HABENECK (Ch).	Chefs-d'œuvre du théâtre espagnol.	1 v.
HUET (F.)	Histoire de Bordas Dumoulin.	1 v.
LANCRET (A.)	Les Fausses Passions	1 v.
LAVALLEY (Gaston). . .	Aurélien.	1 v.
LAVERDANT (Désiré) . .	Don Juan converti	1 v.
—	Les Renaissances de don Juan.	2 v.
LEFÈVRE (André). . . .	La Flûte de Pan	1 v.
—	La Lyre intime.	1 v.
—	Les Bucoliques de Virgile. . .	1 v.
LESAACK (Dr).	Les Eaux de Spa.	1 v.
NAGRIEN (X.)	Prodigieuse Découverte	1 v.
PAULIN PARIS.	Garin le Lohérain	1 v.
RÉAL (Antony).	Les Atomes	1 v
SIMONIN (Louis).	Les Pays lointains	1 v.
STEEL.	Haôma	1 v
VALLORY (Mme)	A l'aventure en Algérie. . . .	1 v
WORMS DE ROMILLY . .	Horace (traduction).	1 v.

LIVRES EN COMMISSION

Prix divers

ANONYME.	Le Prisme de l'âme.	6 fr.
—	Rome.	6 fr.
LAVERDANT (Désiré) . .	Appel aux artistes	1 fr.
PAULTRE (E.).	Capharnaüm.	6 fr.
PIRMEZ	Jour de solitude, 1 vol. in-8. .	6 fr
RAYNALD	Histoire de la Restauration. .	5 fr.
RIVE (DE LA).	Souvenir de M. de Cavour. .	6 fr.
ANONYME	Mademoiselle Segeste	2 fr.
ANTULLY (Albéric d') .	Fantaisie.	2 fr.
BRUIÈRE (S.).	Une Saison en Allemagne. . .	1 fr.
GUIMET (Emile).	Croquis égyptiens	3 50
—	L'Orient d'Europe au fusain, in-18	2 fr.
—	Esquisses Scandinaves, 1 vol. in-18	3 fr.
SCHNÉEGANS (A.)	Contes. 1 vol. in-18	2 fr.

VOLUMES IN-18 A PRIX DIVERS

Auteur	Titre	Prix
ARAGO (E.)	L'Hôtel de Ville et le Gouvernement du 4 sept^bre 1870-71.	3 50
L. AUBERT	Lettres sur l'instruction obligatoire.	» 50
BERTHET (André)	Mes Lunes *(Boutades d'un sceptique)*	2 »
CHEVREUX (Mme)	André Marie et J.-J. Ampère. 2 vol. à 3 fr. 50.	7 »
A. DECOURCELLE	Les Formules du docteur Grégoire *(Dictionnaire du Figaro)*.	2 »
ERCKMANN-CHATRIAN	Le Juif polonais, pièce en 3 actes	1 50
—	Lettre d'un électeur à son député	» 50
J. HETZEL	Aux députés, sur la reprise des échéances.	» 50
HUGO (Victor)	Les Châtiments. 1 vol. in-18.	2 »
—	Napoléon le Petit. 1 vol. in-18.	2 »
LEGOUVÉ (E.)	L'alimentation morale pendant le siége.	» 25
—	Les deux misères.	» 25
—	Les épaves du naufrage.	» 50
—	Samson et ses Elèves.	2 »
—	Lamartine.	1 50
—	L'Art de la lecture.	2 »
MACÉ (Jean)	Morale en action	1 fr.
—	Lettres d'un paysan d'Alsace sur l'instruction obligatoire.	» 30
—	Le génie et la pet. ville. 1 v. in-32	» 25
—	Anniv. de Waterloo. 1 v. in-32.	» 15
—	Une carte de France; le Gulf-Stream. 1 vol. in-32.	» 25
—	La Ligue de l'enseig., n°s 1 à 4 à	» 25
MERSON (Olivier)	Ingres, sa Vie et ses Œuvres, avec sa photographie, 1 vol. (in-32)	1 50
NADAR	Le Droit au vol	1 »
PROUDHON	La Guerre et la Paix. 2 vol.	2 »
QUATRELLES	Une date fatale	1 »
STAHL (P.-J.)	Entre bourgeois	» 50
SUSANE (Général)	L'artillerie avant et depuis la guerre.	» 50
VERNE (Jules)	Neveu d'Amérique, comédie en 3 actes.	1 50
VIOLLET-LE-DUC	Exposé des faits relatifs au Musée de Pierrefonds.	» 50

BIBLIOTHÈQUE D'ÉDUCATION ET DE RÉCRÉATION

VOLUMES IN-18

Brochés, **3 fr.** — Cartonnés toile, tranches dorées, **4 fr.**

vol.

- PÈRE (A.-M.). Journal et Corr. 1
- DERSEN. Nouv. Contes suéd. 1
- RTRAND (J.). Les Fondateurs de l'astronomie.......... 1
- ART (Lucien). Aventures d'un jeune naturaliste......... 1
- Entre frères et sœurs..... 1
- ANDY. Le Petit roi 1
- ISSONNAS (Mme B.). Une Famil. pendant la guerre 1870-71. 1
- ACHET (A.). Grammaire historique (ouvr. couronné).. 1
- ÉHAT (DE). Petit Parisien. 1
- RLEN (E.). Un Brill. mariage. 1
- AZEL (P.). Chalet des sapins. 1
- ERVILLE (DE). Histoire d'un trop bon chien........... 1
- ÉMENT (Ch.). Michel-Ange, Raphaël, etc........... 1
- SNOYERS (L.) J.-P. Choppart 1
- RAND (Hip.). Grands Poëtes. 1
- Les Grands Prosateurs... 1
- CKM.-CHATRIAN. L'Invasion. 1
- Madame Thérèse........ 1
- Hist. d'un paysan (COMPL.). 4
- UCOU. Histoire du travail.. 1
- AMONT (Cte DE). Les Vers français et leur Prosodie. 1
- ATIOLET (P.). Physionomie. 1
- IMARD. Hist. goutte de sève. 1
- Jardin d'acclimatation.... 1
- PPEAU (Mme). Cours d'économie domestique.......... 1
- GO (V.). Les Enfants...... 1
- MERMANN. La blonde Lisbeth. 1
- FONTAINE (édition Jouaust). Fables annotées par Buffon 1

vol.

- LAPRADE (V. DE). Le Livre d'un père.............. 1
- LAVALLÉE (Th.). Hist. Turquie 2
- LEGOUVÉ (E.). Pères et Enfants 2
- — Conférences parisiennes... 1
- LOCKROY (Mme). Contes...... 1
- MACAULAY. Histoire et Critique 1
- MACÉ (Jean). Bouchée de pain. 1
- — Les Serviteurs de l'estomac 1
- — Contes du petit château... 1
- — Arithmétique du grand-papa 1
- MALOT (Hect.). Romain Kalbris 1
- MAURY (commt). Géogr. phys.. 1
- — Le Monde où nous vivons. 1
- MULLER (E.). La Jeunesse des hommes célèbres......... 1
- — Morale en action par l'hist. 1
- ORDINAIRE. Dict. de myth.... 1
- — Rhétorique nouvelle....... 1
- RATISBONNE (L.). Comédie enfantine (OUVR. COURONNÉ). 1
- RECLUS (É.). Hist. d'un ruisseau 1
- RENARD. Le Fond de la mer.. 1
- ROULIN (F.). Histoire naturelle. 1
- SANDEAU (J.). La Roche aux mouettes............... 1
- SAYOUS. Conseils à une mère. 1
- — Principes de littérature ... 1
- SIMONIN. Histoire de la terre.. 1
- STAHL (P.-J.). Contes et Récits de morale familière (OUVRAGE COURONNÉ)......... 1
- — Hist. d'un âne et de deux jeunes filles (ouvr. cour.). 1
- — Famille Chester.......... 1
- — Les Patins d'argent....... 1
- — Mon 1er voyage en mer... 1

vol.

- STAHL (P.-J.) Les Histoires de mon parrain........... 1
- STAHL (P.-J.) et DE WAILLY. Riquet et Madeleine..... 1
- — Mary Bell, William et Lafaine................. 1
- STAHL et MULLER. Le nouveau Robinson suisse......... 1
- SUSANE. Hist. de la cavalerie. 3
- THIERS. Histoire de Law..... 1
- VALLERY RADOT (René). Journal d'un volontaire d'un an. 1
- VERNE (Jules). Aventures du capitaine Hatteras....... 2
- — Enfants du capitaine Grant. 3
- — Autour de la lune........ 1
- — Aventures de 3 Russes et de 3 Anglais.............. 1
- — Cinq Semaines en ballon .. 1
- — De la Terre à la Lune..... 1
- — Histoire des grands voyages et des grands voyageurs 1
- — Le Pays des fourrures.... 2
- — Tour du monde en 80 jours. 1
- — 20,000 lieues sous les mers. 2
- — Voyage au centre de la terre 1
- — Une Ville flottante....... 1
- — Le docteur Ox.......... 1
- — Le Chancellor........... 1
- — L'Ile mystérieuse........ 3
- — Michel Strogoff.......... 2
- — Les Indes-Noires......... 1
- — Hector Servadac, 1re partie. 1
- ZURCHER et MARGOLLÉ. Les Tempêtes.............. 1
- — Histoire de la navigation.. 1
- — Le Monde sous-marin..... 1

SÉRIE DES VOLUMES IN-18, AVEC GRAVURES

Brochés, **3 fr. 50.** — Cartonnés, tr. dorées, **4 fr. 50**

vol.

- QUEZ. Histoire de France. 1
- RTRAND (Alex.). Lettres sur les révolutions du globe.. 1
- ISSONNAS (B.). Un vaincu.. 1
- RADAY (M.). Histoire d'une chandelle.............. 1
- ANKLIN (J.). Vie des animaux 6
- RTZ (Mlle). Méthode de coupe et de confection... 1
- VALLÉE (Th.). Les Frontières de la France........... 1

vol.

- MAYNE-REID. William le Mousse 1
- — Les Jeunes Esclaves..... 1
- — Le Désert d'eau.......... 1
- — Les Chasseurs de girafes... 1
- — Naufragés de l'île de Bornéo 1
- — La Sœur perdue.......... 1
- — Les Planteurs de la Jamaïq. 1
- — Les deux Filles du squatter. 1
- — Les Jeunes voyageurs..... 1
- MICKIEWICZ (Adam). Histoire populaire de la Pologne.. 1

vol.

- MORTIMER D'OCAGNE. Les Grandes Écoles civiles et militaires de France..... 1
- NODIER (Ch.). Contes choisis. 2
- PARVILLE (DE). Un habitant de la planète Mars......... 1
- SILVA (DE). Le Livre de Maurice................... 1
- SUSANE (général). Histoire de l'artillerie........... 1
- TYNDALL. Dans les montagnes. 1

SÉRIE IN-18. — PRIX DIVERS

fr.

- OCK (Maurice). Petit Manuel d'économie pratique..... 1
- BRACHET. Dictionnaire étymologique (ouvrage couronné)............. 8
- HENNEVIÈRES (DE). Aventures du petit roi saint Louis... 5

fr.

- CLAVÉ (J.). Principes d'économie politique........ 2
- DUBAIL. Géographie de l'Alsace-Lorraine.......... 1
- GRIMARD (Ed.). La Botanique à la campagne.......... 5
- LEGOUVÉ. L'Art de la lecture.. 2

fr.

- MACÉ (Jean). Théâtre du petit château........... 2
- — Arithmétique du grand-papa (édit. popul.)....... 1
- — Morale en action.. 1
- SOUVIRON. Dictionn. des termes techniques......... 6

Paris. — Imp. Gauthier-Villars.

www.ingramcontent.com/pod-product-compliance
Ingram Content Group UK Ltd.
Pitfield, Milton Keynes, MK11 3LW, UK
UKHW021042200726
13857UKWH00003B/771